Über dieses Buch Im Jahr 1927 reisten Vita Sackville-West und ihr Mann Harold Nicolson sowie drei weitere englische Gentlemen von Teheran über Isfahan nach Schalamzar. Von dort zogen sie in zwölf Tagen mit Mauleseln auf alten Karawanenpfaden durch den östlichen Teil des zentralen Zagros-Gebirges – dem Stammesgebiet der Bakhtiari, einem der ältesten Nomadenstämme Persiens – bis hinunter zu den Ölfeldern von Masjid-i-Sulaiman.

Die kleine Gesellschaft reiste unter dem Begleitschutz dreier Wächter und trug Empfehlungsschreiben der in Teheran residierenden Oberkhane bei sich.

Im Mittelpunkt der Reiseerzählung stehen die Vorbereitungen und der Verlauf der Expedition. Ob Vita von den Beschwerlichkeiten steiler Fußmärsche, den amüsanten Begegnungen mit reisenden Kaufleuten und wandernden Derwischen oder aber von den Camps der Nomaden oder den überwältigenden Naturschönheiten der persischen Landschaft erzählt, immer liegt der Reiz der Erzählweise im subjektiven Blickwinkel der Autorin.

Unbefangen läßt Vita »persönliche Meinungen und Stimmungen in ihre Berichte einfließen und macht kein Hehl aus ihrer tiefen Verwurzelung in der britischen Upper-Class. Doch nicht zuletzt ihre persönlichen Stoßseufzer und die gelegentlich leicht verqueren Schlußfolgerungen machen aus ihrem Buch eines der sympathischsten und schönsten Beispiele englischer Reiseliteratur.« (Irmela Erckenbrecht)

Die Autorin Victoria Sackville-West (1892–1962), Vita genannt, war das einzige Kind von Lord Lionel Sackville-West und seiner Frau Lady Victoria. Geboren und aufgewachsen ist sie auf Schloß Knole, das ihrer Familie durch Elisabeth I. vermacht wurde. 1913 heiratete sie den Schriftsteller und Diplomaten Sir Harold Nicolson. Nach zahlreichen gemeinsamen Auslandsreisen lebten sie später auf Sissinghurst Castle in Kent. Vita Sackville-West gehörte zu dem berühmten »Bloomsbury-Kreis« um Virginia und Leonard Woolf. Sie schrieb zahlreiche Romane.

Als Fischer Taschenbuch lieferbar: ›Schloß Chevron‹ (Bd. 5880), ›Weg ohne Weiser‹ (Bd. 5048) und ›Der Teufel von Westease‹ (Bd. 9142).

Vita Sackville-West

Zwölf Tage in den Bakhtiari-Bergen

Eine Reiseerzählung

Aus dem Englischen von
Irmela Erckenbrecht

Fischer Taschenbuch Verlag

Lektorat: Ingrid-Maria Gelhausen

Deutsche Erstausgabe
Veröffentlicht im Fischer Taschenbuch Verlag GmbH,
Frankfurt am Main, Februar 1990

Die englische Ausgabe erschien unter dem Titel
›Twelve Days / An Account of a Journey across
the Bakhtiari Mountains of South-western Persia‹
im Verlag Michael Haag, London

Umschlaggestaltung: Buchholz / Hinsch / Hensinger
Umschlagabbildung: Vita Sackville-West auf dem Rücken
eines Maultiers in der Hochebene von Malamir.
Mit freundlicher Genehmigung von
Michael Haag, London
Gesamtherstellung: Clausen & Bosse, Leck
Printed in Germany
ISBN 3-596-29141-0

Für HAROLD NICOLSON

... aber tue mir wenigstens das eine zuliebe: laß mich mir etwas Besonderes zugute tun, so wie sich die Geistesträgen selbst ein Fest zu bereiten pflegen, wenn sie allein wandern. Denn bei Leuten dieser Art kommt es ja wohl vor, daß sie gar nicht erst ausfindig zu machen suchen, wie sich dieser oder jener ihrer Wünsche verwirklichen lasse, sondern daß sie, um sich nicht abzuquälen mit der Überlegung über die Möglichkeit oder Unmöglichkeit, diese Frage ganz beiseite lassen, das Dasein des Gewünschten als gegeben annehmen...

Plato, *Der Staat*

1

Lange Zeit hielt ich es nicht für möglich, aus diesen Erfahrungen ein Buch zu machen; ich konnte in dem, was ich erlebt hatte, keine Form erkennen, keinen gefälligen Spannungsbogen, sondern bloß eine Aneinanderreihung zusammenhangloser Begebenheiten und die häufige Wiederholung dessen, was ich schon früher getan und geschrieben hatte. Doch mißfiel mir der Gedanke, das Ganze unbeschrieben zu lassen. Hatte ich mir deshalb die Füße wundgelaufen, mich vom Regen durchnässen lassen, gefroren, geschwitzt und gehungert? War ich deshalb Berge hinauf- und wieder heruntergeklettert? Hatte ich deshalb unzählige Meilen zurückgelegt und unzählige Ziegen gesehen? Ganz bestimmt nicht. Es mußte in all dem irgendwo ein mögliches Buch verborgen sein. Es geisterte mir ständig im Kopf herum, quälte und reizte mich, und während die Geschehnisse immer weiter in die Vergangenheit rückten, begann es, allmählich Gestalt anzunehmen. Aus dem Wirrwarr formte sich eine Aussage, mögliche Schlußfolgerungen drängten sich auf und prägten halbformulierte Ideen – und wenn sich die Hand erst einmal daran gewöhnt hat, eine Feder zu halten, juckt es sie bald, wieder nach ihr zu greifen: Schreiben ist notwendig, sollen die Tage nicht leer vergehen. Wie sonst könnten wir dem Schmetterling des Augenblicks das Netz überstreifen? Denn wenn der Augenblick verstreicht, ist er vergessen, die Stimmung verflogen, das Leben selbst dahin. Hier aber triumphiert der Schriftsteller über seine Zeitgenossen: Er hält seine Gedankengänge fest. Wachstum ist aufregend, Wachstum ist kraftvoll und erschrekkend. Wachstum der Seele, Wachstum des Geistes. Wie kindlich und oberflächlich erscheint uns die Beobachtung des letzten Jahres; und dennoch gibt dieses eine inzwischen vergangene Jahr – diese eine inzwischen vergangene Woche, ja sogar dieser eine, neuformulierte Satz – uns das Gefühl, zu neuer Reife herangewachsen zu sein. Es mag ein Trugschluß darin liegen, doch er treibt uns voran, und solange es ihn gibt, können wir nicht stehenbleiben.

Ich schaue zurück wie durch ein Teleskop; im kleinen, hellen Kreis des Glases sehe ich wandernde Herden und steinerne Ruinen.

2

Dort liegen sie, in weiter Ferne, und wenn ich die Landkarte Asiens betrachte, ergreift mich ehrfürchtige Scheu, weil ich in der Lage bin, mir ein Bild von den Orten zu machen, deren Namen dort in kalten, schwarzen Buchstaben verzeichnet sind. Ich weiß, wie ungeheuer groß die Entfernungen sind, die auf der Landkarte nur einen Zoll betragen. Ich weiß, wie hoch und schwer bezwingbar die Berge sind, die sich auf der Landkarte nur durch ein dunkleres Braun abheben. Ich denke an das Leben, das sich dort abspielt – heute genauso wie damals, als ich so kurz dort weilte. Die Nomaden ziehen durchs Land; ihre schwarzen Zelte bilden kleine Punkte auf der Ebene; grimmige Hunde laufen bellend dem ungestümen Reiter entgegen, der sich aus dem Sattel schwingt. Nachts ducken sich die schwarzen Zelte zwischen roten Lagerfeuern. Für die Menschen dort unterscheidet sich dieses Jahr nicht vom vergangenen, und die Tage, die mir so lebendig vor Augen stehen, waren für sie bloß ein Teil der unzähligen Tage gewöhnlicher Existenz. Malamir brütet auch heute noch in der Sonne. Do-Pulan schläft im Schatten des Berges am Ufer des Karun. In der Schlucht unterhalb Gandom Kars erheben die Kaiserkronen ihr leuchtendes Orange zwischen den Felsen.

Bakhtiari-Land. Unter »Bakhtiari« lesen wir in der *Encyclopaedia Britannica*: »Einer der großen Nomadenstämme Persiens.« Es wird von den »Haft Lang« und den »Chahar Lang«, den beiden größten Untergruppen des Stammes, berichtet und von ihrer stürmischen, blutbefleckten Geschichte erzählt. »Hier«, schreibt Lord Curzon, »in einer *mise en scène*, die alle Elemente erhabener Natur vereinigt – schneebedeckte Felsen, zerklüftete Berge, atemberaubende Schluchten –, befinden sich die *yelaks* oder Sommerquartiere der Stämme.« Ach, wie kühl und knapp das geschriebene Wort doch sein kann.

Die Bakhtiari, einer der großen Nomadenstämme Persiens, sind Luren. Doch die Frage, wer die Luren sind und woher sie kommen, stellt, wie Lord Curzon schreibt, eines der ungelösten Rätsel der Geschichte dar. »Ein Volk ohne Geschichtsschreibung, Literatur oder gar Tradition«, schreibt er weiter, »stellt die Wissenschaft vor viele Fragen. Sind es Türken? Sind es Perser? Sind es Semiten? Alle drei Hypothesen sind bereits verfochten worden. Die Bakhtiari scheinen zur gleichen ethnischen Gruppe zu gehören wie die Kurden, die ihre Nachbarn im Norden sind; auch ihre Sprache, ein persischer Dialekt, unterscheidet sich nicht grundlegend vom Kurdischen. Andererseits empfinden die Bakhtiari es als Beleidigung, mit den Kurden verwechselt zu werden, die sie ›Leks‹ nennen; und so haben die meisten Autoren sich darauf verständigt, sie als die wahren Nachfahren der alten Arier und Iraner anzusehen, die schon vor den Arabern, Türken und Tartaren das Land bewohnten. Während wir diese Hypothese als höchst wahrscheinlich akzeptieren und dadurch sogar ein noch größeres Interesse an diesen letzten Nachfahren eines vornehmen Stammes entwickeln, mißbilligen wir jedoch die vermutete Verbindung zwischen den Bakhtiari und Baktrien, die von einigen Autoren vorgebracht wurde, um die Herkunft dieses Volkes genauer zu bestimmen. (Einige sind sogar so weit gegangen, auf diese Ähnlichkeit die Behauptung zu gründen, die Bakhtiari seien die letzten Nachkömmlinge einer von Alexander in Asien gegründeten griechischen Kolonie – eine Hypothese, für die auch die Ähnlichkeit der Volkstänze der Bakhtiari mit denen der Griechen herangezogen wird.) Es genügt uns zu glauben, daß sie der Herkunft nach Arier sind, und zu wissen, daß sie seit Jahrhunderten in ihrer jetzigen Heimat leben.« Rawlinson, der selbst eine Reise zu den Bakhtiari unternahm, beschrieb sie als »das wildeste und barbarischste aller Völker Persiens«; doch wir, die wir Pläne für unsere Expedition ins Land der Bakhtiari schmiedeten, interessierten uns weniger für die Geschichte und das Wesen dieses Stammes als für die Route, auf der wir reisen wollten.

Wir hatten in Teheran so manchen Abend damit verbracht, Landkarten zu studieren und unsere Reise zu besprechen. Es war nicht leicht gewesen, an Informationen heranzukommen. Die Karten waren höchst unzuverlässig, und in ganz Teheran schien es keine Bücher zu diesem Thema zu geben, die jüngeren Datums waren als Sir

Henry Layards Reisebericht, in dem er eine Expedition aus dem Jahre 1840 beschreibt. Es gab in Teheran auch keine Europäer, die die Bahktiari-Straße schon bereist hatten. Also mußten wir uns auf Briefe verlassen, von denen jedoch keiner sehr ermutigend klang. Ein junger Offizier der indischen Armee schrieb, er sei noch nie in seinem Leben so erschöpft gewesen, andere Berichte sprachen von schwindelerregenden Abgründen, halsbrecherischen Brücken, reißenden Flüssen – und erwiesen sich, bis auf die Klage über die körperliche Erschöpfung, ohne Ausnahme als völlig falsch. Reisende neigen dazu, die Gefahren, denen sie ausgesetzt waren, zu übertreiben; um nicht in den gleichen Fehler zu verfallen, möchte ich gleich zum Anfang betonen, daß sich unsere schwachen Glieder zu keiner Zeit in irgendeiner Gefahr befanden. Sicherlich ist die Bakhtiari-Straße nichts für Leute, die nur Sonntagnachmittagsspaziergänge gewöhnt sind; doch sie kann selbst von den größten Feiglingen bereist werden, wenn sie körperlich nur einigermaßen aktiv sind. Das einzig Kühne an unserem Plan war die Entschlossenheit, uns all der romantischen Bedenken zum Trotz unerschrocken auf den Weg zu machen.

Die Bakhtiari-Khane, die in Teheran lebten, rückten die Zustände in ihrem Land in ein ganz anderes Licht. Entweder wollten sie nicht zugeben, daß ihre berühmte Straße nicht asphaltiert war, oder sie wollten uns, wie es der liebenswürdigen, heuchlerischen Art des Ostens entspricht, mit angenehmen Worten schmeicheln. Ich weiß noch, daß ich einmal, als ich einen von ihnen fragte, ob es möglich sei, auf der Bakhtiari-Straße zu reiten oder ob man zu Fuß gehen müsse, die verblüffende Antwort bekam: »Reiten? Aber Sie können selbstverständlich mit dem Auto fahren!« Das entsprach natürlich nicht der Wahrheit.

Es war eine Lüge, eine Lüge spektakulären Ausmaßes sogar. Nur aus Höflichkeit nämlich spricht man von der »Bakhtiari-*Straße*«, in Wirklichkeit ist es nicht mehr als ein schmaler Pfad, der, bald steil bergauf, bald steil bergab, durch ein wildes, zerklüftetes Land führt; und was den Verkehr auf Rädern angeht, so könnte man noch nicht einmal eine Schubkarre darauf vorwärtsbewegen. Dabei muß mein Tischnachbar doch gewußt haben, wie schnell und gründlich seine Worte widerlegt würden; typisch für seine Rasse, erschien es ihm jedoch zweifellos angenehmer, für den Augenblick einen erfreulichen Eindruck zu erwecken und die Zukunft ihren eigenen Problemen zu überlassen. Vertraut mit den persischen Sitten, enthielt ich mich des Widerspruchs.

Hier beim Diner im prächtigen Haus des reichen Khans schien die Bakhtiari-Straße weit entrückt zu sein. In Sichtweite prangte die Fassade der Zivilisation, eine Fassade, die auf der französischen Sprache, dem Pokerspiel und der neuen Art, in der die Perser ihre *kolahs* nach dem Essen beiseite legten, aufgebaut war; doch hinter dieser Fassade erhoben sich nach wie vor die schroffen Berge, die alle Kultiviertheit Lügen straften. Die Salonbilder des Jahres 1880, die Kandelaber, die Messingbeschläge, ja selbst die Karbidlampen auf den Tischen, die ein grelles, weißes Licht ausstrahlten und bekanntlich leicht explodierten, konnten nicht darüber hinwegtäuschen, daß im Hintergrund eine bestimmte primitive, feudale Ordnung existierte – die Quelle all dieses Wohlstands, ein Territorium, in dem unsere weltmännischen Gastgeber ihre Verstellung aufgaben und in jene Brutalitäten zurückverfielen, mit denen sie aufgewachsen waren. Die prachtvollen Wandteppiche, die Amoretten, das Bildnis Omars, der von seinem Mundschenk ein Glas Wein entgegennahm – sie wurden gewebt von den Frauen des Stammes, die mit einer Hand die Wiege schaukelten, mit der anderen das Weberschiffchen führten. Ja, unsere sanften, höflichen Gastgeber führten an einem anderen Ort eine zweite, in sich vollständige, abgeschlossene Existenz, und sie hatten nicht die Absicht, mit uns darüber zu sprechen. Natürlich nicht. Die Straße? Die Bakhtiari-Straße? Aber selbstverständlich kann man sie mit dem Auto befahren. Wer verrät schon gern seine Familiengeheimnisse an einen Fremden? Es ist alles zum besten bestellt, und am wenigsten sprechen wir über das, was wir genauestens kennen. Je gefälliger einer redet, desto tiefer muß man seinem Wissen mißtrauen. Vollständige, ausführliche Vertrautheit erzeugt Zurückhaltung. Die Berge erheben sich wie eh und je im Hintergrund, aber sie werden verdeckt von den Pokerkarten; es ist die Fassade, die wir alle um uns errichten.

Nach und nach begann unsere Expedition, Form anzunehmen. Der Tag der Abreise wurde festgelegt und ein Brief nach Isfahan geschickt, um für Zelte und Maultiere zu sorgen. Die Bakhtiari in Teheran, mit denen wir befreundet waren, versprachen uns eine Eskorte. (Eine Eskorte! Wohl sicherlich ein Hinweis darauf, daß es sich doch nicht um die breite, bequeme Nationalstraße handelte, von der sie uns so gern erzählten?) Wir kramten unsere Campingausrüstung hervor und stapelten sie im Treppenflur: zwei Betten, zwei Schlafsäcke, ein Klappstuhl, ein Klapptisch, ein grüner Wassersack, zwei Feldflaschen, eine blaue Blechwaschschüssel. Meine Kamera. Meine Filme in kleinen Blechdosen. Eine Amphore mit Aprikosenmarmelade. Das war alles, was Harold Nicolson und mir zur Verfügung stand. Unsere Hunde schnüffelten unruhig umher; sie rochen die bevorstehende Abreise. In der Zwischenzeit wuchs die Karawane an: zu

Harold Nicolson, Gladwyn Jebb und mir, den ursprünglichen Reisegefährten, gesellten sich Copley Amory von der Amerikanischen Gesandtschaft in Teheran, und Lionel Smith, der brieflich die Absicht bekundete, von Bagdad herunterzukommen, um sich unserer Gruppe anzuschließen; insgesamt waren wir also fünf Europäer, die sich aufmachten, die Bakhtiari-Straße zu bereisen.

3

Eine schmale Mondsichel stieg am Abend vor unserer Abreise in den wolkenlosen Himmel. Wir saßen in Isfahan im Garten und betrachteten die Venus, die neben dem Mond zwischen zwei hohen Pappeln stand. Die Stille wurde nur durch das Quaken der Frösche und gelegentliche, gedämpfte Geräusche aus der Stadt gestört. Harold Nicolson und ich waren gerade aus Schiras zurückgekommen, die anderen waren zuvor in Teheran gewesen und hatten uns unsere Post mitgebracht. Harold Nicolson war ziemlich niedergeschlagen, denn er hatte die Druckfahnen von *Some People* bekommen; ich kam gerade noch rechtzeitig, um ihn davon abzuhalten, Mr. Constable ein Telegramm zu schicken und das Buch zurückzuziehen. »Es ist *zu* schwach«, sagte er, das ausgefüllte Telegramm bereits in der Hand, »ich kann es unmöglich veröffentlichen.« Widerwillig gab er mir das zweite Exemplar der Fahnen zu lesen. »Dann übernimmst du die Verantwortung«, sagte er, als ich einige Stunden später heftig protestierte, »ich wasche meine Hände in Unschuld.« Ich sagte ihm, diese Verantwortung übernähme ich gern.

Wir saßen also schmollend im Garten und schauten der Venus zu. Es war April, ein angenehmer, lauer Abend. Es hatte geregnet; der Geruch feuchter Erde stieg zu uns auf, wie das so oft in England, aber so selten in Persien der Fall ist. Kleine goldene und lila Schwertlilien säumten den Pfad und den Bewässerungsgraben. Der Gärtner hatte mir erzählt, die Zwiebeln stammten aus Gandom Kar an der Bakhtiari-Straße, und ich hatte mir fest vorgenommen, sie dort zu finden. Doch es war nicht das Land der Bakhtiari, an das ich an jenem Abend dachte. Meine Gedanken plätscherten müßig in einem Meer von Eindrükken; in einer Reihe kleiner Bilder stiegen sie zur Oberfläche auf. Fast eintausend Meilen Autofahrt hatten mir reichlich Vorwand zum Träumen gegeben. Wir waren erst vor kurzer Zeit durch Isfahan gekommen, und jetzt waren wir wieder hierher zurückgekehrt. Doch ich hatte nicht das Gefühl, derselbe Mensch zu sein: Es war etwas dazugekommen, das sich anderen kaum mitteilen läßt. Eine Bereicherung. Als könnten meine Augen eine neue Farbe sehen, die niemand sonst wahrnehmen kann. Zweifellos sahen auch meine Reisegefährten eine neue Farbe, aber es konnte nicht dieselbe Farbe sein; sie war mein persönliches Eigentum, leider (oder Gott sei Dank) nicht in Worte zu kleiden.

Diese dahintreibenden Bilder. Ob sie mit der Zeit verblassen würden?

Ein recht absurdes Bild eröffnete den Reigen: Wir auf dem Marktplatz eines braunen Lehmhüttendorfes, der Boden übersät mit unseren persönlichen Habseligkeiten, mit Haarbürsten, Schwämmen und Pyjamas. Zwei religiöse Prozessionen kamen vorbei – unbeachtet von den Dorfbewohnern, die lieber uns zuschauten. (Wer hätte es ihnen verübeln können?) Unser Gepäckwagen, ein Ford, hatte etwa fünfzehn Meilen vor dem Dorf sein Leben ausgehaucht, und nachdem wir ihn bis hierher mit dem anderen Auto vor uns hergeschoben hatten, waren wir zu dem Entschluß gekommen, ihn im Dorf zurückzulassen und die wichtigsten Gepäckstücke in unseren schönen neuen Dodge umzuladen. Wir müssen schon einen grotesken Anblick geboten haben, als wir uns auf dem Marktplatz von Kumischeh mitten in Persien über unsere ausgebreiteten Utensilien beugten...

Dann trat ein anderes Bild in den Vordergrund: Eine ganze Kette von Dörfern in einem weiten Tal, vielleicht eine Meile von dem Weg entfernt, auf dem wir uns befanden; braune Dörfer zwischen Pappeln, blaue Kuppeln kleiner Moscheen, runde Taubentürme und Blüten, Blüten, Blüten. Sie wogten förmlich über die Mauern, rosa Blüten, weiße Blüten – wie Gaze, wie eine helle Wolke, die zwischen den Pappeln und blauen Kuppeln hängengeblieben war. Die Besiedlung folgte dem Lauf eines Flusses, einem langgestreckten Gürtel der Fruchtbarkeit. Wie sehr ich es bedauerte, daß wir nicht genug Zeit hatten, um in das Tal hinunterzuwandern und durch die Dörfer zu ziehen! So blieben sie für mich namenlos, nur aus der Ferne bewundert, eingesponnen in eine Wolke himmlischer Unwirklichkeit.

Später kamen wir nach Yesd-i-Khast, jenem fantastischen grauen Felsenhorst, der von Menschen bewohnt wird. Pierre Loti verglich den Ort mit der Behausung von Seevögeln, Gobineau mit einem Bienenstock. Auf einer Seite schließt der Fels sich an eine Ebene an, auf der anderen stürzt er jäh in einen tiefen Abgrund. Die Stadt wirkt wie eine skelettfarbene Klippe, durchbrochen von Fenstern, die aussehen wie Augenhöhlen in einem Totenschädel, bestückt mit hölzernen Balkonen und Stiegen, die jeden

Augenblick in die Schlucht zu stürzen drohen. Es ist schwer auszumachen, wo der natürliche Fels aufhört und wo die Häuser beginnen. Die ganze Konstruktion hält, wie Pierre Loti richtig schrieb, entgegen allen Gesetzen des Gleichgewichts und des gesunden Menschenverstandes zusammen; wackelig, gichtbrüchig, wahnsinnig, und doch von unermeßlichem Alter. Kein Architekt hat diese Stadt einst errichtet; sie ist natürlich gewachsen, als hätte der Fels Triebe geschlagen, als hätten die ehemaligen Felshöhlen sich selbst den Anschein sonnengebrannter Hütten gegeben. Sie strahlt Kompromißlosigkeit und Gewalt aus; Menschen, die hier leben, müssen sich von anderen unterscheiden. Inmitten dieser bemerkenswerten Stadt steht eine Moschee, von der Decke bis zum Boden durch ein Erdbeben gespalten. Warum hatte das Beben nicht die ganze verrückte Konstruktion mit in die Tiefe gerissen? Wie ein altes Schiff, dessen Masten zittern und ächzen, verfügt sie wahrscheinlich über unbegrenzte Widerstandskraft. Dennoch hegten wir insgeheim große Bedenken, als wir zu einer der höhergelegenen Wohnungen stiegen.

Nur wenige Reisende verbringen die Nacht in Yesd-i-Khast. Sie ziehen weiter nach Abadeh, wo es eine Telegraphenstation gibt und der Telegraphenbeamte und seine Frau sie bewirten. Durch das Mißgeschick mit unserem Ford in zeitlichen Verzug gekommen, trafen wir jedoch erst gegen Sonnenuntergang in Yesd-i-Khast ein und wollten lieber unser Bett mit den Hühnern teilen, als uns im Dunkeln und allein im Wagen über die Ebene zu wagen. Wenn man in Persien von der Dunkelheit überrascht wird, versucht man, das Beste daraus zu machen; kein vernünftiger Reisender setzt Leben und Eigentum aufs Spiel, wenn es sich irgendwie vermeiden läßt. Das hat nicht unbedingt etwas mit Feigheit zu tun. Man erinnert sich lebhaft an die Geschichte des Missionars, der die Buschir-Straße bereiste und dem man nichts weiter ließ als seine Frackjacke; er trug sie falsch herum, als er völlig erschöpft und verzweifelt zu Fuß in Buschir ankam.

Wir fragten, ob wir ein Zimmer in Yesd-i-Khast haben könnten. Die gesamte Einwohnerschaft hatte sich natürlich bereits um uns versammelt und starrte uns gierig an, doch sie wurde von einer Amtsperson in grünem Gewand, von der Farbe unreifer Zitronen, in Schach gehalten; sie schien der Häuptling des Städtchens zu sein und als solcher berechtigt, den Gewinn einzustreichen, den die Fremden dem Ort verhießen. Aber selbstverständlich könnten wir ein Zimmer haben. Steif und verspannt, denn wir hatten zu fünft in dem Wagen gesessen, in dem jetzt auch unser gesamtes Gepäck verstaut war, folgten wir unserem Gastgeber durch die Menschenmenge. Ich war, wie ich nicht ohne Scham gestehen muß, von der Fahrt am wenigsten mitgenommen, denn ich hatte den Wagen gesteuert und war deshalb nicht genötigt worden, einen Benzinkanister unter die Beine zu nehmen oder einen Koffer auf dem Schoß zu balancieren. Andererseits mußte ich einen scharfen Blick haben für das, was die Franzosen so elegant *les inégalites du terrain* nennen – kein leichtes Unterfangen in Persien, wo eine scheinbar intakte Straße durch die Wüste plötzlich von einem Graben durchbrochen wird, den man oft erst dann bemerkt, wenn man bereits mit zwei Rädern drinsteckt, oder die Strecke von vornherein so schlecht ist, daß die Nadel des Tachometers zwanzig Meilen lang um die 5-Meilen-Marke tanzt. Trotzdem hatte ich es sicherlich am besten getroffen. Von der Fahrt noch ganz steif und verkrampft, folgten wir also unserem Gastgeber in das Labyrinth sei-

nes Hauses. Wie alle persischen Häuser war es reichlich bevölkert. Frauen, Kinder, Hühner, Hunde, Ziegen und Esel spazierten durch die verschiedensten Räume, von denen sich nicht genau sagen ließ, ob es nun Zimmer oder Ställe waren, denn der Boden war aus Erde, Stroh und Dung, die Wände aus dem üblichen sonnengetrockneten Lehm gefertigt. Die Frauen flüsterten miteinander und kicherten, als wir an ihnen vorbeikamen; eine sehr alte Frau versuchte, uns Geld abzunehmen, ehe sie uns die nächste Tür öffnete, doch unser Gastgeber schob sie auf die ihm eigene herrische Art beiseite. Es war dunkel, einige Frauen kauerten in der Ecke an einem roten Feuer und kochten. Über eine offene Treppe stiegen wir aufs Dach. Über den fernen Bergen färbten die letzten Strahlen des Sonnenuntergangs den Himmel mit Blut. Die Ebene unter uns war ein dunkles, schwarzes Meer. Das leise Bimmeln von Kamelglocken drang zu uns herauf. Dies war unser Dach, unser privates Belvedere in Yesd-i-Khast.

Das Zimmer, in das unser Gastgeber uns so stolz führte, war winzig – eine kleine Lehmzelle, kaum größer als sechs Quadratmeter. Es hatte eine Öffnung nach Osten, ein Flügelfenster ohne Glas, das durch Holzläden verschlossen wurde, und eine Tür mit einem so genial konstruierten Riegel, daß wir am nächsten Morgen unseren ganzen Verstand zusammennehmen mußten, um die Tür wieder aufzubekommen – bis heute habe ich keine Ahnung, wie dieser komplizierte Mechanismus aus Riegel, Fassung und in die Lehmwand gehöhlter Rille eigentlich funktionierte.

Nun, da waren wir, in Yesd-i-Khast, in einem kleinen Zimmer hoch über der tiefen Schlucht. Unser Gastgeber war, soweit wir es einschätzen konnten, ein geldgieriger

Halsabschneider, und wir hatten gerade genug Platz, um uns nebeneinander auszustrecken.

Unten auf der Dorfstraße stand unser Wagen. Die Dekkenlampe beleuchtete das Wageninnere. Drinnen lag, zum großen Staunen der Menschentraube, die sich gegen die Fenster preßte, unser englischer Mechaniker (der ursprünglich den Ford gefahren hatte) und las in einem Buch von Edward Gibbon.

Am Morgen wurden wir durch ein Klopfen an unserer Tür und die Stimme unseres Gastgebers geweckt: »Der Morgen dämmert«, rief er, »und die Sonne kommt über die Berge.« Eine so edle, wohlgesetzte Ankündigung brachte uns schnell auf die Beine. In der beengten Unordnung des kleinen Zimmers kletterten wir aus unseren Schlafsäcken, entriegelten die Holzläden und schauten hinaus Richtung Osten. Unter uns lag die Schlucht, die auf der anderen Seite bis zur Ebene anstieg, noch in tiefem Schatten. Dunkel und weit erstreckte sich das Flachland bis zu einer Reihe zackiger Berge am Horizont. Die Sonne war noch nicht aufgegangen, doch der östliche Himmel kündete bereits von ihrem baldigen Erscheinen. Die Berge standen düster und ernst vor einem safrangelben Himmel, der mit kleinen, roten Wolken durchzogen war, vielgestaltig und wandelbar. Die Kamelkarawane verließ die Stadt; wir konnten die lange Reihe schwankender Tiere sehen und hörten das feierliche, tiefe Läuten ihrer Glocken. Die Morgendämmerung, die Weite der Landschaft, die Kamelkarawane... dies, genau dies war die unvordenkliche Schönheit Persiens, für uns gerahmt von der viereckigen Öffnung unseres Zimmers, eingeschnitten hoch oben in die felsige Mauer von Yesd-i-Khast. Doch solche Augenblicke kann man nicht festhalten. Unmerklich wurde der Himmel heller, die Stimmung änderte sich, nur die Glocken blieben. Die tiefe Stille, in der die Farben des Himmels changierten, sich ausbreiteten und schließlich zerschmolzen, schien ein nahe bevorstehendes, gewaltiges Ereignis vorauszusagen – eine königliche Ankunft, die nur in der Stille einer wartenden Welt vollendet werden konnte. Und dann war es soweit. Sie tauchte zuerst die Kämme der Berge in reiches Gold und schickte dann einen langen Lichtstrahl über die Ebene; erst war es nur ein lichter Streifen, der über die Gipfel kroch, doch dann erhellte sie wie mit einem Trompetenstoß den ganzen Himmel. Erst jetzt stieg die ganze strahlende Scheibe mit unglaublicher Schnelligkeit empor: der große, vierspännige Streitwagen der Sonne.

Im Garten in Isfahan durchlebte ich die Morgendämmerung von Yesd-i-Khast noch einmal so intensiv, daß ich glaubte, wieder dort zu sein. Ich schrak kurz auf, überließ mich dann jedoch wieder meinen Erinnerungen. Diesmal stand ich am Koran-Tor über Schiras und schaute hinunter auf Moscheen und Zypressen, die im Dunst des Sonnenuntergangs lagen. Das also war die alte Stadt Schiras, »die das Herz eines jeden Wanderers seiner Heimatstadt abspenstig machen kann« – eine langersehnte Pilgerreise, die sich für mich endlich erfüllte. Das war die alte Stadt Schiras, von der Herbert mehr bildhaft als präzise sagte: »Hier stand die Wiege der Magie; hier verbrachte Nimrod einen Teil seines Lebens; hier erblickte Kyrus, der hervorragendste aller heidnischen Prinzen, das Licht der Welt, und hier fand er (bis auf seinen Kopf, den man nach Pasagardai sandte) auch seine letzte Ruhestätte. Hier stillte der große Makedonier seine Habgier und seine Sucht nach Bacchanalien. Hier sang die erste Sibylle von der Fleischwerdung unseres Erlösers. Von hier aus sollen die Weisen nach Bethlehem aufgebrochen sein, und mehr als zweihundert Könige schwenkten hier ihre mächtigen Zepter.« Doch es war das sanfte Persien der Dichter, das Persien der Gärten, Lauten und Nachtigallen, nicht das strenge Persien der Berge und Wüsten, das ich so sehr liebte. »Die schwarzäugigen Schönheiten von Kaschmir und die Türken aus Samarkand«, schreibt Hafis, »singen und tanzen zu den Klängen von Hafis aus Schiras.« Und noch einnehmender: »Wenn du siehest unser Grab, erflehe den Segen, denn es wird die Pilgerstätte aller Libertins dieser Erde werden.« Vielleicht. Doch was mir von meinem Besuch in Schiras am deutlichsten in Erinnerung blieb, war ein alter Mann im Basar, der einen Haufen schneeweißer Wolle kämmte. Ein heller Lichtstrahl fiel direkt auf ihn, und sein einfaches Werkzeug quietschte unablässig. Da er seine Arbeit nicht anzuschauen brauchte, schaute er uns an, mit gleichgültigen, unergründlichen Augen, so sehr eins mit seinem Handwerk, daß es das einzige war, das ihn noch hier auf dieser Erde zu halten schien.

4

Inzwischen ist es – jedenfalls nach persischer Einschätzung – möglich, von Isfahan bis Schalamzar am Fuße des Bakhtiari-Gebirges mit dem Wagen zu fahren – eine Strecke von etwas mehr als hundert Meilen, für die man mit dem Wagen acht oder neun Stunden braucht, mit der Karawane jedoch mehrere Tage. Wir waren klug genug, unsere Karawane vorauszuschicken und uns einen alten Ford zu besorgen, um die gräßliche Strecke durch die Wüste zurückzulegen. Was ihm an Zuverlässigkeit mangelte, machte der Ford durch grelle Farben wett: Motorhaube und Windschutzscheibe waren mit fröhlichen gelben und roten Sträußen aus getrockneten Federn geschmückt. Einen ganzen Tag lang holperten wir so, durch manche Reifenpanne aufgehalten, von Dorf zu Dorf, ehe die Straße auch für Kettenfahrzeuge unbefahrbar wurde.

Zwei Straßen, die von Isfahan aus in den Norden beziehungsweise in den Süden führten, kannte ich bereits, nämlich die Straßen nach Teheran und nach Schiras, doch diese Straße nach Schalamzar, die allerdings kaum noch diese Bezeichnung verdiente, war mir neu. Sie schlängelte sich im Zickzack durchs Land und konnte in keiner Weise als Hauptstraße angesehen werden.

Die Straße von Teheran nach Schiras war einsam und schön, aber sie war auch eine Hauptstraße, die zwei wichtige persische Städte miteinander verband, und daher noch nicht einsam genug, um meinen romantischen Ansprüchen zu genügen.

Ich will dort sein, wo kein Weißer je zuvor gewesen ist, in Orten, von denen man noch nie gehört hat. Unser Globus ist viel zu klein und viel zu genau kartographiert, und das Kino leistet eine allzu gründliche Arbeit.

Unser Weg führte uns zuerst durch eine Landschaft, die für persische Verhältnisse überraschend stark bevölkert und kultiviert war. Überall in den Gebirgstälern sah man Bauern ihre Felder pflügen, und eine lange Kette von Dörfern zog an uns vorbei, braune Häusergruppen zwischen grünen Weiden und Pappeln. Ein typisches Merkmal dieser Dörfer war der runde, zinnenbewehrte, vom Kot unzähliger Vögel weißgespritzte Taubenturm. Auch viele Störche nisteten dort; ihre großen, unordentlichen Nester balancierten bedrohlich auf den Dächern und den Eckpfeilern der Lehmwände. In einem Dorf namens Mubaraq hielten wir an, um zu Mittag zu essen. Wir breiteten unsere Decken in einer Tischlerwerkstatt auf dem Boden aus, einem langgestreckten, scheunenartigen Gebäude. Überall lag verschiedenes Werkzeug herum, und der saubere Geruch frischgeschnittenen Holzes mischte sich mit den Duft der Obstblüten, der durch eine offene Tür hereinströmte. Der Tischler, ein würdiger Mann, dessen Bart in einem grellen Orange gefärbt war, schnitt gerade hölzerne Rosetten aus, die, wie wir sofort bemerkten, den steinernen Rosetten der Fensterstürze in Persepolis verblüffend ähnlich waren. Wir hatten einem Diener aufgetragen, uns vor der Neugier der Dorfbewohner zu schützen, doch als wir durch die offene Tür hinaus in den kleinen, ummauerten Garten schauten, bemerkten wir, daß wir nicht unbeobachtet waren: drei Frauen, die uns in ihren schwarzen Gewändern an die drei Schicksalsgöttinnen erinnerten, waren aufs Hausdach geklettert und schauten verborgen hinter ihren Schleiern auf uns herab. Wir konnten ihnen diese Kurzweil schwerlich verübeln, denn es kam gewiß nicht alle Tage vor, daß Europäer durch Mubaraq kamen, und schließlich boten die drei schwarzen Figuren auf dem Hausdach vor dem blauen Himmel ein herrliches Bild, so daß wir sie ebenso gern betrachteten wie sie uns. Wie gern wären wir noch länger in der Werkstatt des Tischlers geblieben! Doch da wir nicht wußten, welche Verzögerungen und wie viele Reifenpannen noch auf uns warteten, gingen wir widerwillig zu unserem Wagen zurück, um die Reise nach Schalamzar fortzusetzen.

Sehr bald hatten wir die Dörfer und bebauten Felder hinter uns gelassen und kamen ins einsame Hochland, wo hin und wieder ein Schäfer das einzige Zeichen menschlichen Lebens darstellte – eine einsame Gestalt, die auf ihrem Stock lehnte, während ihre Herden umherstreiften und weideten. In den Sommermonaten waren diese Ebenen mit den Herden der Bakhtiari bedeckt, doch die Bakhtiari waren noch nicht angekommen; sie waren unterwegs und würden uns, wie wir wußten, auf der Straße, die wir bereisen wollten, entgegenkommen. Im Moment lagerten sie noch in der abgelegenen, unbekannten Ebene von Malamir im Süden. Wir würden sie treffen, wenn sie in einem endlosen, schmalen Strom den höher gelegenen, kühleren Ebenen von Chahar Mahal zuströmten.

Die häufigen Reifenpannen (die Steine auf der Straße waren kantig und scharf) gaben uns Gelegenheit, ein wenig spazierenzugehen und die Freiheit dieser hochgelegenen, luftigen Weiten zu genießen. Die Liebe zu Persien erfüllte wieder mein Herz, als ich mich an diesem reinen Apriltag am Anblick seiner hochgelegenen Einöden erfreute. Mir gefiel diese leere, unverstellte Landschaft, wo die Phantasie Raum hat, umherzuschweifen, ohne über eine Vielzahl von Objekten zu stolpern, die zwar schön sein mögen, doch vorgefertigt und unwandelbar.

In Schalamzar waren wir bei Morteza Khuli Khan Bakhtiari zu Gast, dem Sohn von Samsam-es-Saltaneh, doch da er selbst sich in Teheran aufhielt, wurden wir von seinem Verwalter empfangen. Schalamzar erwies sich als großer Landsitz inmitten einer pappelbestandenen Oase. Das frische Grün der Bäume hob sich zart gegen die verschneiten Berge ab und kündete vom kommenden Frühling.

Der Hof war voller Betriebsamkeit, denn unsere Karawane war angekommen – vierzehn starke Maultiere mit drei oder vier Maultiertreibern samt unserer Eskorte, einer dreiköpfigen Wachmannschaft. Zum ersten Mal hörten wir das Bimmeln der Maultierglocken, ein Geräusch, das unseren Ohren bald sehr vertraut werden sollte.

Der größte Teil des Hauses wurde in Abwesenheit des

Besitzers nicht benutzt, doch unsere Campingmöbel hatte man in den Räumen im Erdgeschoß aufgestellt. Bald kam der Verwalter und fragte uns, ob wir aufs Dach steigen wollten. Wir folgten ihm aufs Dach, standen ehrfürchtig da und schauten zu den massigen Bergkämmen auf, die sich im Schein der untergehenden Sonne rosa färbten. Der Weg, dem wir am nächsten Tag folgen würden, war gerade noch zu erkennen; im Zickzack schlängelte er sich bis zum nächsten Gipfel hinauf.

Die Frauen des Hauses webten in den ihnen zugewiesenen Räumen. Da die Bakhtiari-Frauen keine Bedenken haben, sich ohne Schleier zu zeigen, gingen wir sie besuchen. Ich fand es sehr schade, daß sie nicht mehr die alte Tracht der Bakhtiari trugen, die bei Layard beschrieben wird: weite Hosen, weiße, bis zur Taille offene Blusen, die die Brüste unbedeckt lassen, goldbestickte Samtjakken und Kinnbänder aus Goldmünzen, die wie Zaumzeug klimpern. Ich hatte in Teheran Bakhtiari-Frauen in der alten Tracht gesehen, aber ich wußte, daß sie sie eigens für mich angelegt hatten, daß sie im täglichen Leben keine Rolle mehr spielten.

Die Frauen in Schalamzar waren damit beschäftigt, einen alten Bakhtiari-Seidenteppich nachzuweben. Es war der schönste Teppich, den ich je in Persien gesehen habe. Er war in sich selbst so vollkommen wie ein lyrisches Gedicht – vollkommen in Muster und Farbe. Sie rollten ihn aus, um ihn uns zu zeigen. Mitten in den ärmlichen Frauenräumen, zwischen Webstühlen, Lumpen und Kinderwiegen sprang uns die Einzigartigkeit dieses Teppichs regelrecht ins Auge – ein echtes Kunstwerk, wenn auch auf ansprechende Weise auf eine rechteckige Form beschränkt.

5

Nun war es für uns an der Zeit, nähere Bekanntschaft mit unserer Karawane zu schließen. Am nächsten Morgen stand sie fertig bepackt im Hof, bimmelnd und scharrend, zum Abmarsch bereit. Außer den Packtieren gab es für uns gesattelte Maultiere zum Reiten, große, knochige Tiere, deren empfindliche Ohren ich mißtrauisch betrachtete. Uns standen gemeinsam drei Diener zur Verfügung: Sultan Ali, der als unser Koch agieren sollte, Rahim, der sich als echter Pechvogel erwies, und Bagh'er, der Harold Nicolson gehörte, und dessen Name, wenn man ihn nicht sorgfältig aussprach, aufgrund der Ähnlichkeit mit einem englischen Schimpfwort bei den Mitgliedern der englischen Kolonie in Teheran leicht Empörung auslöste. Außerdem hatten wir noch drei Wächter: den alten Hossein, dessen ermutigendes Schnalzen hinter meinem Maultier mich mit der Zeit fast zum Wahnsinn trieb; ein Mann zu Fuß, dessen Namen ich nie herausfand; und Taha, der als einziger unseren Vorstellungen von einem echten Bakhtiari-Wächter entsprach. Taha war dunkel und hager, trug dunkle Lacklederstiefel und einen langen, schwarzen Mantel mit Silberknöpfen, ritt ein schlankes, wild aussehendes Pony und trug ein Gewehr über der Schulter. Dieses Gewehr diente jedoch, wie wir bald herausfinden sollten, eher der Dekoration als der Verteidigung, denn der Abzug klemmte, und keine noch so große Gefahr hätte ihm je einen Schuß entlocken können. Überdies war es am Schaft mit einer glänzenden Zinnscheibe versehen, auf die Taha offenbar sehr stolz war, die jedoch, zu unserem Amüsement, die Aufschrift »Keating's Powder« trug. Keating's Powder, nicht Schießpulver, darin lag das Pathos von Tahas Gewehr.

Da unsere Eskorte uns kein übermäßiges Vertrauen einflößte, setzten wir im wesentlichen auf einen Brief der Khane, der dem gesamten Volk der Bakhtiari mit Vergeltung drohte, falls uns irgend etwas passieren sollte. Dieser Brief, der uns in Schalamzar von Mirza Khan, dem Gouverneur von Deh Kurd und Vertreter der persischen Regierung im Chahar Mahal, übergeben wurde, schloß mit den Worten: »Solltet ihr den oben genannten vornehmen Reisenden nicht mit aller Höflichkeit begegnen und ihnen auf jede erdenkliche Art und Weise behilflich sein, wird euer Verhalten schlimme Folgen haben.«

Der Morgen war grau und stürmisch, und der gastfreundliche Verwalter schien uns nur widerwillig gehen zu lassen; er versicherte uns, wir würden »vom Gipfel geblasen« werden. Ungeachtet seiner Warnungen verabschiedeten wir uns von ihm, ergriffen wie Pilger unsere langen Wanderstäbe und brachen auf ins Tal. Unsere Karawane folgte uns mit bimmelnden Glocken auf diese fröhliche Expedition, die uns die Bakhtiari-Straße entlangführen sollte. Bald bekamen wir einen ersten Vorgeschmack aufs Klettern: wir stiegen aus dem Tal zum Zirreh-Paß hinauf. Zwei Stunden steilen Aufstiegs brachten uns auf eine Höhe von 3000 Metern, und als wir oben, gepeitscht von einem eisigen Wind, der auf dem Gipfel über uns herfiel wie ein wildgewordener Dämon, Rast machten, sahen wir zum ersten Mal das wilde, zerklüftete Land der Bakhtiari vor uns liegen. Bergkamm an Bergkamm, so weit das Auge reichte. Der Aufstieg war anstrengend gewesen, doch das Gefühl, den Berg bezwungen zu haben, versetzte uns in Hochstimmung. Wir schauten noch einmal zurück, nahmen Abschied vom tief unter uns liegenden Schalamzar und stiegen dann den steilen Pfad zwischen den Felsbrocken hinunter ins nächste Tal.

Allerdings hatten wir noch immer nicht das Gefühl, wirklich unterwegs zu sein, denn in Naghan, unserem nächsten Aufenthalt, waren wir wieder im leeren Haus eines Khans zu Gast, und bis jetzt hatten wir weder unsere Zelte gesehen noch unsere Lagerküche abgeladen. Nur unsere Muskeln erinnerten uns daran, daß wir die erste Etappe bereits hinter uns hatten. Wie sehr sie schmerzten! Dabei waren es gar nicht so sehr die vielen Meilen, die uns in den Knochen saßen, sondern die Steilheit und Unwegsamkeit des Geländes. Ein Umstand, der allerdings in erster Linie auf mich zutraf, denn die anderen waren viel besser trainiert als ich; meine Füße waren durch das bequeme Leben in Teheran verwöhnt, und mir taten am Ende des ersten Tages nicht nur die Muskeln so weh, daß jeder Schritt eine Qual war und meine Beine sich so weich anfühlten wie Gummi – meine Fersen und Zehen waren zudem mit Blasen übersät. Wer weiß, wie qualvoll es ist, eine normale Landstraße mit Blasen an den Füßen entlangzumarschieren, kann sich vielleicht vorstellen, um wie viel qualvoller es ist, über scharfe Steine einen schmalen Bergpfad hinunterzuklettern. Doch es gab kein Zurück. Mit Schrecken dachte ich an all die Tage anstrengender Wanderungen, die noch vor mir lagen. Damals wußte ich noch nicht, daß Muskeln früher oder später fester werden und auch die zartesten Füße sich an harte Märsche gewöhnen.

6

Ich glaube, die nächste Etappe, von Naghan nach Do-Pulan, war die schlimmste von allen. Ja, ich schaudere förmlich davor zurück, mich überhaupt daran zu erinnern. Dabei war der Anfang gar nicht so schlecht. Wir wanderten ein hübsches Tal entlang und freuten uns an den leuchtend blauen und orangefarbenen Bienenspechten, die in Scharen Richtung Norden zogen, und eine ganze Weile saßen wir fröhlich am Ufer des Abi-i-Sabz-i-Kuh und warteten auf die Karawane, die, wie sich später herausstellte, den Fluß ein Stück weiter unten überquert und einen anderen Weg genommen hatte. Das waren die erfreulichen Augenblicke; die wilde Landschaft Persiens gab uns ein Gefühl der Freiheit, wir konnten uns ausruhen, miteinander plaudern oder in Ruhe nach Blumen suchen.

Als uns klar wurde, daß wir die Karawane verpaßt hatten, standen wir auf und wanderten den langen, aber nur sanft ansteigenden Pfad zum Paß hinauf, der am Gipfel plötzlich wieder steil abfiel – steiler als auf dem beschwerlichen Abstieg vom Zirreh-Paß. Uns zeigte sich nur ein Zeichen der Ermutigung, und das waren die Dächer des Dorfes Do-Pulan (»Zwei Brücken«), das etwa tausend Meter unter uns halb versteckt in den Bäumen am Fuße des Berges lag. Die Entfernung schien groß zu sein, aber immerhin, man konnte die Dächer schon sehen, und dort würde auch unser Camp auf uns warten, ein warmes Essen und ein Bett zum Schlafen.

Ich gestehe offen, daß mir Tränen in den Augen standen, denn ich litt unter beträchtlichen Schmerzen. Meine Stimmung war mehr als düster, als ich mich schlitternd und stolpernd an den Abstieg machte. Doch welches

Mißgeschick erwartete uns erst in Do-Pulan! Unser Camp war nirgends in Sicht, und als wir die Dorfbewohner fragten, erfuhren wir, daß unsere Karawane über die nächste Brücke weitergezogen war. Wir bemerkten kaum, daß wir nun zum ersten Mal die grünen Wasser des großen Karun erblickten, der hier noch als Gebirgsfluß in der Nähe seiner Quelle durch die schwarzen Felsen schäumt. Wir dachten nur daran, daß wir uns noch zwei weitere Meilen vorwärtsquälen mußten, um unsere Zelte zu erreichen, die wir bereits sehen konnten. Zwei endlos lange Meilen, obgleich wir das Gefühl hatten, keine zwei Schritte mehr gehen zu können! Ach, hätten wir einfach über den Fluß springen können! In ein paar hundert Metern wären wir dann beim Camp gewesen. Doch die Brücke lag weiter stromabwärts, und wir mußten, nachdem wir den Fluß überquert hatten, praktisch noch einmal den gleichen Weg zurücklegen. Diese zwei Meilen waren die längsten, die ich je gewandert bin.

Die Brücke über den Karun war eine verrückte Angelegenheit. Aus unzähligen Pfählen zusammengesetzt, wie auf einer Zeichnung von Heath Robinson, überspannte sie das jadegrüne Wasser zwischen den glänzenden Felsen. Ich hatte gerade noch genug Kraft, ein Foto zu machen. Als wir schließlich ins Camp stolperten, raffte ich meine allerletzte Kraft zusammen. »Warum um alles in der Welt«, fuhr ich Copley Amory an, der mit der Karawane vorausgeritten war, »habt ihr die Zelte nicht beim Dorf aufschlagen lassen, anstatt noch zwei Meilen weiter zu gehen?« Der Vorwurf war ungerecht, und ich wußte es: Copley Amory konnte kein Wort Persisch, und unsere Maultiertreiber, selbst wenn man sie in ihrer Sprache ansprach, erwiesen sich oft als ebenso stur wie ihre Tiere. Aber ich war müde, und meine wunden Füße schmerzten. Copley

Amory, von Natur aus liebenswürdig und voller Mitgefühl, erwiderte nichts. Er breitete einfach für mich auf dem Boden eine Decke aus. Innerhalb von fünf Minuten waren wir alle eingeschlafen.

Wir erwachten einigermaßen erholt und warfen einen immer noch recht gleichgültigen Blick auf die Schönheiten der Natur. Unsere Zelte standen in einem Obstgarten, auf jungem Weizen, wie wir jetzt bemerkten. Auf der anderen Seite des Flusses lag das braune Dorf, überragt von den hohen, bewaldeten Bergen. Unsere Augen hatten sich so schnell an die gebirgige Landschaft gewöhnt, daß wir überrascht gewesen wären, eine flache Ebene zu sehen. Wir nahmen es bereits als selbstverständlich hin, daß es in dieser Welt ständig auf und ab ging. Doch es blieb uns nicht viel Zeit, unsere Umgebung zu bewundern, denn der örtliche *ked-khoda* (Häuptling) kam, begleitet von einigen Freunden, um Entschädigung für den Weizen zu fordern, den wir mit unseren Zelten niedergedrückt hatten. Hätten wir die gesamte Summe bezahlt, die er von uns verlangte, hätte man ganz Do-Pulan ein Jahr lang davon ernähren können. Die Perser sind jedoch ein gutmütiges Volk, und es wurde rasch ein Kompromiß erzielt. Auch der Brief, den Mirza Khan uns in Schalamzar gegeben hatte, tat ein übriges, um den aufgebrachten *ked-khoda* zu besänftigen. Und nachdem wir dieses Problem gelöst hatten, wandten wir uns wieder unseren friedlichen Betrachtungen und der Ordnung unseres von Zelten behüteten Lebens zu.

Wer noch nie in einem Zelt gelebt hat, kann sich wohl kaum vorstellen, welchen Reiz, aber auch welche Unbequemlichkeiten das Nomadenleben mit sich bringt. Der Reiz ist rein romantischer Natur und erweist sich daher auch recht bald als trügerisch. Man träumt davon, unabhängig zu sein, die Maultiere an jedem Fleck, der einem gerade gefällt, anhalten zu lassen. Doch bald findet man heraus, daß eine ganze Reihe anderer Überlegungen mit ins Spiel kommen: Wasser zum Beispiel ist wichtiger, als man es sich in einem Land, in dem es durch bequeme Rohrleitungen in die meisten Dörfer transportiert wird, vorstellen kann. Wandert man jedoch in den asiatischen Bergen, wird man schnell erkennen, daß eine Quelle oder ein Fluß sehr viel wichtiger ist als ein noch so fantastischer Ausblick. Ebenso verhält es sich mit dem Brennmaterial: die Nächte sind kalt, und ein gutes Feuer ist ein Luxus, auf den man nach einer Weile nicht mehr verzichten möchte. Ein oder zwei Tage genügen, um den Romantiker auf den Boden der Tatsachen zurückzuholen. Und was die Unbequemlichkeiten beim Zelten angeht, so ließe sich über dieses Thema ein eigenes Kapitel schreiben. Im zivilisierten Leben sind Tische für uns etwas Selbstverständliches – flache Oberflächen, auf die man etwas stellen kann. Doch im Zeltleben gibt es keine Tische. Auf unserer Reise entlang der Bakhtiari-Straße besaßen wir nur einen einzigen Tisch, unseren Eßtisch, ein wackliges, zusammenklappbares Ding, auf dem bei den Mahlzeiten unsere Teller und Gläser unsicher schwankten; es war unser aller Tisch, jedermanns Eigentum. In den Zelten, den persönlichen Rückzugsorten, war kein Platz für derartige Luxusartikel. Wenn man irgend etwas auch nur einen kleinen Moment lang abstellen wollte, und wenn es sich um einen Gegenstand handelte, den man nicht an einen Nagel in der Zeltstange hängen konnte, mußte man es aufs Bett oder auf den Boden stellen. Ins Bett wollte man am Abend möglichst ohne größere Umstände fallen können und schreckte deshalb davor zurück, es mit schweren oder kantigen Gegenständen vollzustellen. Der Boden hingegen war normalerweise feucht und dreckig; außerdem war es im Bakhtiari-Gebirge nicht empfehlenswert, etwas auf den Boden zu stellen, denn hier gab es räuberische Hände, die während der Nacht unter die Zeltwände griffen und alles an sich nahmen, was sich in Reichweite befand. Rawlinson beschreibt die Bakhtiari als berüchtigte, geschickte Diebe und erzählt vom Diebstahl eines Pferdes »aus einem Stall im Innenhof, der besonders bewacht und verschlossen und darüber hinaus noch mit einer Kette gesichert war, und wäre ich nicht selbst Zeuge gewesen, hätte ich es nicht geglaubt«. Das bedeutete, daß Kleider, Kameras und Gepäck außer Reichweite in der Mitte des Zeltes gestapelt werden mußten, wo sie möglicherweise feucht werden konnten. Aus dem selben Grund konnte nichts draußen gelassen werden: Sättel, Wasserflaschen, Waffen, Vorräte – alles wurde in die Zelte geschleppt. Dann fielen wir erschöpft ins Bett und versuchten, so viel Schlaf wie möglich zu bekommen, ehe die viel zu frühe Morgendämmerung kam und wir wieder aufstehen mußten. Nichts hätte eine größere Vertrautheit, eine größere Abscheu oder eine größere Zuneigung für unsere wenigen, unbedingt nötigen Besitztümer erzeugen können. Wir lernten eine Menge: wir erfuhren, auf wie viele Dinge man eigentlich verzichten kann; noch ein paar Tage länger, und wir hätten in unseren Kleidern geschlafen.

Barbara allerdings war immer ausgepackt; sie sah mehr vom Bakhtiari-Gebirge als unsere Schwämme. Barbara mußte jeden Abend ausgepackt werden, denn sie reiste in meinen Schlafsack gerollt, und auf meinen Schlafsack hätte ich unmöglich verzichten können. Um ihn auf dem Bett ausrollen zu können, mußte Barbara ans Tageslicht. So stand sie jede Nacht auf dem Boden neben meiner

Zeltstange, die hölzerne Wange auf die hölzerne Hand gelehnt, als litte sie unter chronischen Zahnschmerzen. Die weitgereiste Barbara! Sicherlich war keine spanische Heilige je in Gegenden entführt worden, die von ihrem ursprünglichen Altar so weit entfernt lagen. Harold Nicolson hatte sie für ein paar Peseten in Madrid erstanden, und von dem Augenblick – als sie, in der Packliste der Armee als »Damenfigur, wurmzerfressen« beschrieben, nach Berlin reiste – bis zum heutigen Tag, hat sie wenig Ruhe gekannt. Den Krieg verbrachte Barbara in einem Keller in Konstantinopel. Nach einer mehrjährigen Verschnaufpause in England reiste sie in meiner Reisetasche nach Persien, sah Ägypten, Delhi und Bagdad. In Teheran erlebte sie den stolzesten Augenblick ihres Lebens, als ein persischer Händler sie auf meinem Schreibtisch entdeckte, sich sofort in sie verliebte und mir zweitausend Toman für sie bot. Zweitausend Toman! Das waren fünfhundert Pfund! Und das für Barbara, deren Marktwert in London höchstens dreißig Schilling betrug. Der persische Händler hatte ausgegrabene Amphoren aus der Zeit des Dareios gesehen, aber eine mittelalterliche spanische Heilige war ihm noch nie untergekommen. Ich hätte seine fünfhundert Pfund gern genommen, doch darf man mit seinen Laren und Penaten Handel treiben? Hätte ich Barbara verraten und den Fluch auf mich laden dürfen, mit dem sie mich zweifellos gestraft hätte? Ich lächelte und schüttelte den Kopf: Barbara war unverkäuflich.

Und da war sie nun, ritt tagsüber auf einem Maultier durch das Bakhtiari-Gebirge und verbrachte die Nacht an eine Zeltstange gelehnt in der melancholischen Haltung, zu der sie nun einmal verdammt war. Es war ein bescheidener Platz, den sie auf dem Boden einnahm, und es war ein Glück, daß sie nur so wenig Platz beanspruchte, denn ein kleines Zelt ist nicht der richtige Ort für überflüssige Dinge. Unsere großen Schaffellmäntel, die, besonders wenn sie naß waren, nach Fell und Leder rochen, waren unförmig und unhandlich, doch die Nächte waren so kalt, daß wir auch unter den Mänteln oft noch zitterten. Nur die riesige Flasche Wein, die wir so vorsichtig von Schiras hierher transportiert hatten, ließen wir in Do-Pulan zurück: sie fiel hin und zerbrach in tausend Stücke. Das war ein echter Schicksalsschlag: von nun an hatten wir, so müde wir abends auch waren, nichts, was uns wieder hätte beleben können.

Do-Pulan war wirklich ein Unglücksort. Rahim, Copley Amorys Diener, wurde von seinem Maultier abgeworfen, fiel auf einen Felsen und verletzte sich am Rükken; und ich verlor beim Frühstück die Beherrschung. Allerdings nicht ohne Provokation. Wir hatten uns beim Abendessen gestritten: Gladwyn Jebb hatte vorgeschlagen, daß wir am nächsten Morgen um fünf Uhr aufstehen sollten; ich protestierte nachdrücklich und sagte, keine zehn Pferde würden mich vor halb sechs aus dem Bett bringen. Die Sonne ging nicht vor halb sechs Uhr auf, also würde auch ich nicht eher aufstehen. Meine Wut kannte daher keine Grenzen, als Bagh'er am nächsten Morgen um halb fünf mein Zelt mit einer Schüssel heißem Wasser betrat. Es war stockdunkel und bitterkalt, denn wir befanden uns fast auf 1600 Meter Höhe über dem Meeresspiegel. Der Versuch, wieder einzuschlafen, ist jedoch kaum sinnvoll, wenn das ganze Camp von Geräuschen widerhallt; um mich herum wurde bereits zusammengepackt. Ich wollte Gladwyn gehörig die Meinung sagen. Ein kaltes, graues Licht breitete sich am Himmel aus, als ich aufstand, und die letzten Sterne verblaßten. Voller Wut fiel ich über Gladwyn her, und blieb auch völlig unbeeindruckt, als er seine Unschuld beteuerte. Im nachhinein ist mir klar, daß ich in jenen ersten Tagen eine miserable Reisegefährtin gewesen bin. Ich nehme an, daß ich einfach übermüdet war.

Das Frühstück im Camp hatte, wenn gerade niemand streitsüchtig war, durchaus seinen Charme. Wir schlürften große Schüsseln *mast*, geronnene Milch, in die wir Aprikosenmarmelade rührten, so daß goldene Strähnen das Weiß durchzogen. Um uns herum wurde zusammengepackt. Zelte schwankten und fielen hilflos zusammen, wenn ihnen die Stangen entzogen wurden – die wohlgeformten braunen Schutzhütten verwandelten sich in flache, verknitterte Vierecke. Unser Gepäck lag auf dem Boden verstreut. Die schwarze Feuerstelle wirkte so melancholisch und bedeutungslos wie Gläser einer Party am Morgen danach. Zerstreuung bot sich an: ein Maultier schlug heftig aus, während seine Sattelgurte festgezogen wurden. Es brach aus, galoppierte durchs Camp und verstreute dabei den Inhalt seiner Satteltaschen. Die Maultiertreiber verfolgten es und fingen es wieder ein. Wir selbst aßen unser Frühstück wie die Juden das Passahmahl: im Stehen. Denn unser einziger Tisch und die Koffer, die uns beim Abendessen als Stühle dienten, waren bereits auf die Maultiere gepackt und festgebunden. Die Diener strichen um uns herum und griffen, sobald wir sie absetzten, nach unseren Tassen und Löffeln. Plötzlich erschien die Sonne über dem Kamm des benachbarten Berges, schwang sich hoheitsvoll die Hänge hinunter und kroch auf uns zu, bis das Licht in flachen, goldenen Wellen unsere Füße umspülte. Der Tag war angebrochen, und wir mußten weiterziehen.

7

Eigentlich hatte ich vorgehabt, den ganzen Weg zu Fuß zu gehen; ich hatte mir vorgenommen, keinen einzigen Zentimeter zu reiten.

Diesen Vorsatz hatte ich allerdings heimlich getroffen, denn ich hörte schon die Kommentare meiner Reisegefährten: »Dann kannst du überhaupt nicht mitkommen.« Es hätte endlose Diskussionen und Streitereien gegeben. Nach diesem zweiten Tag jedoch mußte ich mir meine Niederlage eingestehen.

Geistige Niederlagen haben ja durchaus ihre interessanten Seiten, doch hier handelte es sich um eine rein körperliche Angelegenheit – um die simple Frage von blauen Zehen und blasenübersäten Fersen. Ich würde auf den Rücken eines vierbeinigen Tieres klettern müssen und mich von ihm transportieren lassen wie ein Stück Gepäck – ich, die ich so stolz ausgeschritten war!

Ein Funken Eitelkeit und Gegenwehr trieb mich jedoch auch weiterhin: Ich weigerte mich, auf dem Maultier zu reiten, das für mich vorgesehen war. Hier offenbaren sich die Feinheiten jenes eigenartigen Spiels, mit dessen Hilfe man versucht, »sein Gesicht zu wahren«. Ich wahrte meines, indem ich Ansprüche stellte. Kein anderes Maultier würde mich zufriedenstellen als ausgerechnet Hosseins mausgraues Lieblingstier, eine verhätschelte Kreatur, die jede andere Last als die eines Menschen als unwürdig empfand, ein faules Tier, für das es, wie ich instinktiv fühlte, viel zu anstrengend war, bockig auszuschlagen, sich aufzubäumen, auszureißen oder gar über einen Stein zu stolpern; kurz, es war ein Reittier ganz nach meinem Geschmack, wenn ich mich schon herablassen mußte, ein Reittier zu benutzen.

Ich dachte daran, wie sehr Stevenson seine Eselin Modestine haßte; jedenfalls glaubte er, daß er sie hassen würde – bis der Augenblick der Trennung kam. Keine Beleidigung war ihm zu groß, um sie dem armen Tier an den Kopf zu werfen, so daß ich beim Lesen den Eindruck gewann, daß er ein ziemlicher Tierquäler gewesen sein muß. Am Ende der gemeinsamen Reise war die Eselin jedenfalls völlig am Ende. Und obgleich er Modestines quäkerhafte Eleganz zu schätzen wußte, mußte er doch eingestehen, daß sein Herz völlig kalt blieb und sich bei ihm auch kein Mitleid regte, als er ihre Flanken unter den Schlägen seines Stachelstocks bluten sah. Nun, ich sah keinen Grund, mein Maultier, das ich »Mouse« nannte, zu hassen, obgleich ich im Grunde unfreiwillig auf seinen Rücken stieg. Schließlich war es nicht seine Schuld, daß meine Ausdauer erschöpft war; es war nicht da, um mich zu demütigen, sondern um meine Erschöpfung zu lindern. Außerdem war es gehorsam und sehr geduldig, so daß ich bald eine große Zuneigung zu ihm faßte und sogar davon sprach, es mit zurück nach England zu nehmen, ein Vorschlag, der von denen, die voraussahen, daß die Last der notwendigen Vorkehrungen auf sie zukäme, mit Schrecken aufgenommen wurde.

Mouse, mein Maultier, hatte den großen Vorteil, daß es beim Auf- und Absteigen völlig stillhielt – anders als ein Pferd, das oft zur Seite tänzelt, wenn der Reiter noch mit einem Bein im Steigbügel steht. Ich fand bald heraus, daß ich es, wenn ich den seufzenden Laut der Maultiere nachahmte, zu völligem Stillstand bringen konnte, so daß nur ein kräftiger Tritt in die Rippen es wieder in Bewegung setzte. Überhaupt hatte ich den Eindruck, daß es fast immer im Halbschlaf war – außer wenn es seinen Weg auf einer besonders schlechten Strecke finden mußte. Dann nahm es seinen ganzen Grips zusammen; seine langen Schlappohren richteten sich auf, und es hielt nachdenklich inne, um sich sehr genau umzuschauen; wenn es sich dann einmal für einen bestimmten Weg entschieden hatte, führte es diesen Plan mit großer Förmlichkeit und Sicherheit aus und plazierte seine kleinen Hufe ohne jeglichen Fehltritt zwischen die spitzen Steine. Und ich muß hinzufügen: sein Urteil war unfehlbar. Es wußte genau, was es sich zutrauen konnte und was nicht – anders als Tahas Pferd, das es mit jedem Hindernis aufnahm, mit dem sein Herr es konfrontierte, und dabei so manches Mal geräuschvoll ins Rutschen kam. Wenn Mouse den eigenen Kräften nach eingehender Prüfung mißtraute, machte es kehrt und wählte einen anderen Weg.

Unser erster gemeinsamer Ritt führte uns eine äußerst schwierige Wegstrecke hinauf zum Paß Barreh Murdeh (»Totes Lamm«). Streckenweise brach der Pfad ab und verlor sich in den Felsbrocken, die den Abhang unter den niedrigen Eichenbäumen bedeckten. Nur darauf aus, auf schnellstem Wege den Gipfel zu erreichen, kletterten wir so gut wir konnten über die Steine. Nach einer Weile überholte uns ein Kaufmann auf einem wunderschönen Apfelschimmel; er winkte uns fröhlich zu, als er, gefolgt von seinem Diener, an uns vorbeiritt. Der Diener ritt auf einem Maultier und thronte auf einem Stapel Teppiche; er hatte große Mühe, mit seinem Herrn Schritt zu halten.

Es war kalt, und der Himmel vor uns sah stürmisch aus, worüber wir nicht sehr glücklich waren. Ein kalter Nieselregen setzte ein. Plötzlich gab es keine Felsbrocken mehr, sondern nur noch roten, glitschigen Schlamm. Als wir auf den Gipfel kamen, verwandelte sich der Regen in Schnee. Wir stolperten zu Fuß weiter und kämpften uns gegen den Schneesturm voran. An den Decken unserer

Maultiere bildeten sich Eisklumpen, und unsere Sättel wurden naß, doch es war unmöglich zu reiten. Wir wußten, daß wir noch einen langen Weg vor uns hatten, auch wenn wir vor lauter Schnee nicht viel sehen konnten. Wir schwiegen und versuchten, unsere Entmutigung voreinander zu verbergen, als wir zu unserem dankbaren Erstaunen auf eine Schutzhütte stießen.

Diese Hütten, ansonsten in Persien sehr häufig zu finden, waren im Bakhtiari-Gebirge äußerst selten (während der gesamten Reise haben wir nicht mehr als zwei oder drei davon gesehen), und so kannte unsere Freude keine Grenzen, als wir ausgerechnet jetzt auf eine solche trafen. Wir traten ein, stampften von einem Fuß auf den anderen und schüttelten den Schnee von unseren Hüten. Unser Kaufmann hockte bereits mit seinem Diener auf einem Teppich neben dem Feuer. Bekanntschaften werden in diesem einsamen Gebirge recht schnell geschlossen, und wir begrüßten uns wie alte Freunde, obgleich er uns bisher nur einmal kurz zugewinkt hatte. Mit der für die Perser so typischen Höflichkeit begann er sofort, sein Bündel auszurollen, und forderte uns auf, es uns bequem zu machen. Dieses Bündel enthielt seine Bettstatt. Er ignorierte unseren Einwand, daß wir triefend naß seien, und breitete Decke und Matratze auf dem Boden aus; und schließlich nahmen wir dankbar Platz. Wir hätten auch kaum länger stehen bleiben können, denn der beißende Rauch des Feuers trieb uns die Tränen in die Augen – sehr zum Amüsement der Perser, die den ganzen Tag in einer verräucherten Hütte verbringen können, ohne die geringste Unannehmlichkeit zu empfinden. Für uns jedoch war es eine Qual, und auch als wir am Boden neben dem Feuer saßen, mußten wir immer wieder aufstehen und an die frische Luft hinausgehen, um unsere gereizten Augen zu beruhigen.

In einer Fertigkeit sind die Perser sehr geschickt: in der Kunst des Feuermachens. Sie schichten das Holz akkurat auf, bauen immer wieder Querhölzer ein und lassen ein Loch für den Zug frei, der aus der unteren Glut aufsteigt – und das ist mehr, als man über ein englisches Hausmädchen sagen kann. Das gute Feuer also brachte unsere feuchten Kleider bald zum Dampfen. Man servierte uns Tee in den üblichen kleinen Gläsern, wir aßen hartgekochte Eier und Schokolade, plauderten mit unserem Freund, dem Kaufmann, und spürten, wie die Wärme unsere langsam auftauenden Glieder wiederbelebte. Noch lag ein weiter Weg vor uns, und der Schneefall hatte nicht nachgelassen; trotzdem waren wir darauf bedacht, so bald wie möglich wieder aufzubrechen, denn wir hatten Angst, der Weg könnte so verschneit sein, daß er nicht mehr zu erkennen gewesen wäre. Als wir also das Bimmeln der Glocken vernahmen, mit dem unsere Karawane ihr Herannahen ankündigte, wußten wir, daß die Zeit gekommen war, unsere Wanderstäbe wieder in die Hand zu nehmen und die Schutzhütte zu verlassen.

Die Karawane kam näher; das Gepäck war völlig durchnäßt, Männer und Tiere hielten die Köpfe gebeugt gegen den treibenden Schnee. Wir gaben ihnen etwas Zeit, damit die Maultiere den Schnee von ihren Decken schütteln und die Männer sich ein wenig aufwärmen, die Hände reiben und die kleinen Eiszapfen aus den Schnurrbärten streifen konnten; auch sie bekamen jeder ein Glas Tee und wechselten mit dem Wirt der Hütte einige Worte über den Zustand der Straße. Dann nahmen wir Abschied von unserem Freund, dem Kaufmann, und setzten uns wieder in Bewegung, stolperten über halb verschneite Steine, rutschten über schneebedeckten Schlamm. Wegen des andauernden Schneefalls war unsere Sicht stark behindert. Geraume Zeit kämpften wir uns auf diese Weise vorwärts, kamen jeweils etwa zwanzig Meter voran, um erneut stehen zu bleiben und die Packtiere ausruhen zu lassen. Die armen Tiere nahmen die Verschnaufpausen dankbar an, ihre Flanken zitterten und dampften in der grauen Luft, und auch wir nutzten diese Pausen, denn das Wandern durch Schnee und Schlamm war äußerst beschwerlich, zumal der Weg sehr steil anstieg. Wir traten jeweils in die Fußspuren unseres Vordermanns und hangelten uns mit den langen Stäben vorwärts. Das hört sich mühsam an, und es *war* auch sehr mühsam, doch aus irgendeinem Grund machte es uns nicht viel aus; die Mühe wurde diesmal durch die Umstände verursacht und war viel einfacher zu ertragen als die klägliche, sich düster dahinschleppende Erschöpfung der beiden letzten Tage. Ja, wir waren sogar recht fröhlich und gutgelaunt und lachten herzlich, wenn einer von uns ausrutschte und in den Schnee fiel.

Sultan Ali, der Koch, ein Mann von der Statur eines Napoleon, war der einzige, der es wirklich schwer nahm. Wie die Kamele, war auch er Schnee nicht gewöhnt und wußte gar nicht, wie er damit zurechtkommen sollte. Als ich an ihm vorbeikam, saß er auf einem Felsblock, rieb sich die Zehen und war den Tränen nahe. Offenbar hatte er davon gehört, daß einzelne Gliedmaßen erfrieren können und glaubte nun, von diesem Unglück ereilt worden zu sein. Er trug weiße Schuhe aus Segeltuch, die traditionelle Fußbedeckung der Perser, und war natürlich bis auf die Haut durchnäßt. Als ich ihm sagte, daß die Bauern, die wir unterwegs getroffen hatten, sogar barfuß durch den Schnee gegangen waren und ihre Schuhe in der Hand gehalten hatten, erfaßte ihn Scham. Er stand auf und stolperte weiter. »Warum reitest du nicht?« fragte ich ihn. Er schaute zu den Maultieren hinüber, die sich unter ihren Lasten mühsam vorwärtskämpften, und schüttelte traurig den Kopf. Ich konnte es ihm nachfühlen. Hinter mir trottete Mouse, triefend naß und erschöpft; auch ich verspürte keine Lust zum Reiten.

Dann kam der unvermeidliche Abstieg, der mir immer viel schwieriger erschien als der Aufstieg, besonders am Ende eines anstrengenden Tages. In endlosen Serpentinen folgten wir dem Pfad hinunter ins Dorf Gandom Kar. Ich war erstaunt, daß die Maultiere unter den schweren Lasten überhaupt noch Tritt fassen konnten, und doch gelangten sie ohne Zwischenfälle nach unten. Wir erreichten die wenigen Häuser, die das Dorf bildeten, und wärmten uns in einer gastfreundlichen Hütte auf – aufmerksam beobachtet von den Einheimischen, die jedoch niemals aufdringlich wurden. Ein Mädchen stillte währenddessen ihr Baby an der jungen, braunen Brust.

8

Ich erinnerte mich an den Gärtner in Isfahan, der mir erzählt hatte, *Iris reticulata*, jener goldene und lila Frühblüher, wüchse in Gandom Kar. Nach dem Essen ging ich daher sofort hinaus, um danach zu suchen. Natürlich war die *Iris reticulata* nirgends zu finden. Zwar waren die Hügel blau von Traubenhyazinthen, die, von glitzernden Regentropfen benetzt, zwischen dem jungen Getreide blühten, und auch Narzissen wuchsen in großen Mengen auf dem sumpfigen Boden, doch ich war sehr enttäuscht, die Schwertlilie nicht gefunden zu haben, denn ich hatte mir vorgenommen, mindestens tausend Zwiebeln zu sammeln.

Es liegt ein ganz besonderes Vergnügen darin, Pflanzen mit nach Hause zu bringen, die man selbst in fernen Ländern gesammelt hat. Höchstwahrscheinlich wurzelt dieses Vergnügen im fruchtbaren Boden der Eitelkeit. »Ja«, würde ich seufzen, »eine hübsche Gruppe, nicht wahr? Ich habe die Zwiebeln entlang der Bakhtiari-Straße gesammelt.« Jedenfalls *hätte* ich das sagen können, wenn Fremde zu Gast waren, die meinen Garten bewundern mußten. Und die *Iris reticulata* blüht so früh, daß sie kaum etwas anderes gefunden hätten, das der Bewunderung wert gewesen wäre. Doch hätte ich an klaren Februarabenden, allein mit mir, wenn die Eichen noch kahl sind und die Saatkrähen über die frisch gepflügten Felder ziehen, nicht auch eine etwas reinere Freude an den golden-lila Blumen gefunden, die aus dem fast noch winterlichen Boden sprießen? Oder sitzt die Eitelkeit so tief, daß sie auch dann noch wirkt, wenn man mit sich selbst alleine ist? Hätte der Anblick der Schwertlilie, dieses kleinen Fremdlings, den ich zwar in jeder Baumschule hätte kaufen können, jedoch selbst aus den zerklüfteten Bergen Persiens mitgebracht hatte, mir nicht die Genugtuung verschafft, nicht immer nur im Wohnzimmersessel gesessen und Reisepläne geschmiedet zu haben? Wäre nicht doch ein Gefühl der Überlegenheit in mir entstanden, weil keiner meiner Freunde je in Gandom Kar gewesen ist? Wenn ich ehrlich sein soll, muß ich zugeben, daß dies wahrscheinlich der Fall gewesen wäre. Ich besitze einen Kasten mit Wurzelstöcken, die jedes Frühjahr als Zeichen ihres verängstigten Überlebens einen schwachen, grünen Trieb ausbilden, und in meinem Innersten weiß ich, daß ich das hölzerne Schild nicht nur aus Gründen der Identifikation beschriftet habe, denn auch ohne dieses Schild hätte ich mich stets daran erinnert, was der sandgefüllte Kasten enthielt. Dennoch schrieb ich: SCHWERTLILIE, KLEIN, SCHWARZ (?), AUS DER EBENE VON PASAGARDAI, GRABMAL DES KYRUS, APRIL 1927. Zwar sieht kaum jemand diesen Kasten, er teilt seine abgelegene Ecke mit anderen Schicksalsgefährten: GELBE TULPE (?) AUS DEN JARJARUD-BERGEN, ROSA PERSICA – ORANGE (?) SCHWERTLILIE, BLAU, AUS SCHIRAS ... Aber es besteht immer noch die leise Hoffnung, es könnte sich eines Tages ein echter Botaniker in diese Gartenecke verirren, den Kopf neigen und die Schilder lesen. Und dann hätte ich – wenn auch unberechtigterweise – das Gefühl, in die Gesellschaft von Reginald Farrar und Kingdon Ward aufgenommen zu sein.

Die *Iris reticulata* versagte mir in Gandom Kar diese Genugtuung. Iriskenner bezeichnen sie als Pflanze, die im Kaukasus heimisch ist, und ordnen ihr im wilden Zustand eine rötlich-violette Farbe zu, die sich deutlich von der blau-violetten Farbe unterscheidet, die in englischen Gärten zu finden ist. Doch die *reticulata*, die ich in Isfahan blühen sah, war unzweifelhaft blau-violett, und der Gärtner war sich ganz sicher, daß sie aus Gandom Kar im Bakhtiari-Gebirge stammte. Ich gebe diese Information an Iriskenner weiter. Die Dorfbewohner, die ich darauf ansprach und die in ihrer liebenswürdigen persischen Art sofort eifriges Interesse zeigten, bestritten, wenn auch mit Bedauern, diese Blume je gesehen zu haben. »Nerkis!« riefen sie sofort und meinten damit die Narzissen; doch ich suchte nicht nach Narzissen. (Übrigens habe ich persische Narzissen in England mühelos zum Blühen gebracht; sie haben einen sehr süßen, leicht fremdartigen Duft.) Die Traubenhyazinthen waren es nicht wert, sie mit nach Hause zu nehmen, denn anders als die italienischen Sorten dufteten sie kaum. Außerdem waren sie tintenblau, fast schwarz; erst ihre verschwenderische Fülle machte sie attraktiv.

Unwirsch über meine gescheiterte Suche, kehrte ich ins Camp zurück, nur um festzustellen, daß Gladwyn Jebb, der sich von der Gruppe entfernt hatte, um nach Rebhühnern zu suchen, mit einem Strauß Kaiserkronen zurückgekehrt war. Dies ließ meine Hoffnungen wieder aufleben, die von Mrs. Isabella Bishops Bericht über ein »imposantes Blumenmeer« angeregt worden, im Laufe des Tages aber immer mehr gesunken waren, da wir auf unserem Weg nichts anderes gesehen hatten als ein paar mauvefarbene Krokusse und eine kleine, doch strahlend scharlachrote Ranunkel. Mrs. Bishop hatte die Blumen der Monate Mai und Juni beschrieben, und ich nehme an, daß das Meer aus Tulpen, Schwertlilien, Primeln und Blauem Lein im April einfach noch nicht zu sehen war.

Wir schmückten mit den Kaiserkronen unsere Zelte, und das Camp sah so festlich aus wie noch nie. Unsere Stimmung stieg bei diesem Anblick. Wir entfachten ein großes Feuer und nahmen unser Abendessen ein, beseelt von der Zufriedenheit, die aus wohliger, körperlicher Erschöpfung entsteht – und in dem Gefühl, die Schwierigkeiten des Tages gemeistert zu haben. Während wir noch aßen, galoppierte in der Abenddämmerung ein Bakhtiari im weißen Umhang an uns vorbei; im Schein des Feuers und mit dem wehenden Gewand wirkte er romantisch und gespenstisch zugleich: ein geheimnisvoller Besucher aus den Bergen.

Unser Camp hatten wir auf einer langen, natürlichen Terrasse aufgeschlagen. Wir schauten Richtung Süden, und vor uns lag eine Schlucht mit reißendem Gewässer. Der Himmel war aufgewühlt, und leiser Donner grollte in den Bergen, doch nichts unterbrach unseren nächtlichen Schlaf, außer dem Bellen eines Hundes und den Gesprächen unserer Wächter, die um das Feuer saßen.

9

Am nächsten Tag stiegen wir in die Schlucht hinunter und folgten dem Flußlauf auf einem schmalen Pfad über steile Felsvorsprünge. Harold Nicolson und ich waren mit Hossein allein, die anderen waren, wie sich später herausstellen sollte, klüger gewesen als wir und bei der Karawane geblieben. Auf dieser niedrigen Ebene, eingeschlossen von den hohen Klippen der Schlucht, wurde es mit jeder Meile, die wir zurücklegten, wärmer, stickiger und dunstiger. Die verkrüppelten Eichen, auf dem Barreh Murdeh-Paß noch ganz kahl, hatten hier unten Blätter. Mit Farnen und Moosen bewachsene Tropfsteine wölbten sich über den Pfad. Die rauhen, grünen Blätter der Herbstkrokusse bedeckten das Ufer, und Kaiserkronen ragten in strahlendem Orange zwischen den Felsbrocken auf, steif wie die Blumen auf alten gotischen Tapisserien. (Allerdings bemerkten wir, daß ein Großteil der Zwiebeln »blind« aufschoß, wie es auch in englischen Gärten enttäuschend oft der Fall ist.) In der gesamten Schlucht trafen wir keine Menschenseele, wir hatten sie ganz für uns allein, das brausende Wasser und den schmalen Streifen des Himmels über unseren Köpfen. Wir konnten nicht einmal unsere eigene Karawane hören oder sehen, die, wie wir später hören mußten, einen völlig anderen Weg eingeschlagen und die Schlucht ganz und gar verpaßt hatte. Nach einer Weile führte der Pfad zum Ufer, über den Fluß und in den dichten Eichenwald, der sich auf der anderen Uferseite erstreckte. Dort war es sehr dunkel, und der Pfad löste sich in Wohlgefallen auf. Also mußten wir uns unseren Weg selbst bahnen, uns tief bücken, um den Zweigen der Bäume zu entgehen. So rutschten und stolperten wir über den glitschigen, schwarzen Boden den steilen Hang hinauf. Wir trafen einen Bauern, der uns – vielleicht unter dem Eindruck, daß wir verzweifelt waren und dringend des Trostes bedurften – mit ernster Miene ein paar Stangen wilden Sellerie anbot. Bis zu diesem Zeitpunkt hatten Harold Nicolson und ich es peinlichst vermieden, irgendwelche Kommentare über unsere Reise zu machen, doch jetzt wurde unser stillschweigender Vorsatz fallengelassen. »Dieses verfluchte Land!« schimpften wir, den Tränen nahe. »Warum sind wir je hierhergekommen?« Wir bestätigten uns gegenseitig, daß uns nicht einmal die Landschaft gefiel. »Ich hasse Berge!« sagte er, bis zu den Knien im Schlamm versunken. »Und ich hasse Zelte!« entgegnete ich. »Aber wir müssen weitermachen«, sagten wir beide. Wir schauten uns an und machten dabei so jämmerliche Gesichter, daß wir schließlich lachen mußten.

Die Schimpferei hellte unsere Stimmung auf, und wir kämpften uns weiter vorwärts durch die enge Schlucht, bis dorthin, wo wir endlich wieder die Maultiere besteigen konnten. Dann ritten wir einen Berg hinauf, der von Wiedehopfen und Kuckucksvögeln bevölkert war. Die ganze Zeit über war uns gar nicht in den Sinn gekommen, daß wir uns in Wirklichkeit verlaufen hatten, so daß wir über Tahas Ärger sehr erstaunt waren, als er uns im Galopp entgegengeritten kam. Mit der gleichen trotzigen

Unschuldsmiene begegneten wir auch den anderen, als wir sie in einem Dorf namens Gumisch-Su wiedersahen. Wo um alles in der Welt wir gewesen seien, wollten sie wissen. Ihre Stimmen klangen gereizt, wie es nach großer Erleichterung oft der Fall ist. Lächelnd erzählten wir ihnen von den großen Schönheiten der Schlucht, die ihnen entgangen waren. Im Gegenzug machten sie uns klar, daß wir – dank unserer großen Dummheit – Sarkhun verpaßt hätten; dort mündet ein eiskalter Fluß in einen warmen, unterirdischen, plötzlich aus den Felsen tretenden Strom. In nicht gerade gütlicher Stimmung nahmen wir am Fluß bei Gumisch-Su unser Picknick ein; eine sarkastische Bemerkung im Anhang dieses Bandes mag den Unwillen bezeugen, den wir von Gladwyn Jebb zu spüren bekamen.

Heftiger Regen setzte ein, und wir suchten für eine Weile Schutz im *chai-khaneh*. Harold Nicolson, der typischerweise vergessen hatte, einen Mantel mitzunehmen, kaufte einem Bauern für ein paar *kran* einen Umhang aus steifem, schwarzen Filz ab. Da die halblangen Ärmel gerade angesetzt waren und zu beiden Seiten abstanden wie Stümpfe, sah er darin aus wie ein Pinguin, aber zumindest hielt ihn der Umhang trocken. Auf diese Weise ausgerüstet, brachen wir wieder auf, und nach einem langen Ritt über einen weiteren schlammigen Paß kamen wir auf eine Hochebene, von der aus man einen herrlichen Fernblick auf zahlreiche Bergkämme und den schneebedeckten, abgerundeten Gipfel des Sabzeh Kuh hatte. Den ganzen Weg über war es jedoch sehr schlammig, und wir fluchten und waren verzweifelt. Wir wußten noch nicht, daß dies der letzte Tag unserer Reise war, an dem wir das Gefühl hatten, jeden Augenblick im Schlamm steckenzubleiben – und daß wir von nun an nur noch über felsige Pfade wandern würden, die zwar für die Füße schmerzhaft, jedoch diesem glitschigen Schleim entschieden vorzuziehen waren. Der Anblick unseres freundlichen Kaufmanns, der erneut auf seinem schönen Pferd an uns vorüberzog, vermochte uns einen Moment lang aufzuheitern. Doch der Weg schien sich an diesem Tag ganz besonders hinzuziehen, und meine Stimmung sank ins Bodenlose. Ich hätte den armen Taha samt seinem Gewehr am liebsten über die nächste Felskante gestoßen, als er auf alle meine Fragen immer wieder dieselbe Antwort gab: »Nasdiké, nasdiké – ganz nah, ganz nah.« Es wäre zwecklos gewesen zu fragen: »Wie weit?«, denn Taha hätte nur in *farsakhs* antworten können, und ein persischer *farsakh* ist keinesfalls ein exaktes Längenmaß, sondern verändert sich entsprechend dem Zustand der Straße – das heißt, ein *farsakh* bergauf oder auf steinigem Weg ist länger als ein *farsakh* bergab oder auf ebener Strecke. Grob gesagt, beschreibt dieses eigenartige Längenmaß die Entfernung, die ein Maultier oder Pferd in langsamer Gangart in einer Stunde zurücklegen kann. Nach allen bisherigen Erfahrungen war ich mir ziemlich sicher, daß wir, bevor wir überhaupt »ganz nah« sein könnten, erst einen langen, zickzackartigen Abstieg beginnen mußten, und bald darauf war es auch soweit. Wir stiegen in eine weitere Schlucht hinab, durch die ein weiterer reißender Fluß, der Bazuft, sich stürzte, und hofften inständig auf den ersehnten Anblick unserer grasenden Maultiere und braunen Zelte. Doch das Camp war nirgends zu sehen. »Nasdiké, nasdiké«, beharrte Taha und nickte uns aufmunternd zu. Unser Pfad führte uns in einer nervenzermürbenden Berg- und Talpartie am Fluß entlang. Sicherlich war es eine Schlucht von ganz besonderer Schönheit, doch wir waren viel zu müde und gereizt, um diese Schönheit würdigen zu können.

10

Schließlich fanden wir unser Camp in den zerstörten Mauern des alten Karawanenserails von Schalil. Die Maultiertreiber versuchten, uns zu überreden, in einem der erhalten gebliebenen Räume zu schlafen, in denen es, wie sie sagten, angenehm warm wäre; das mochte stimmen, doch sie waren außerdem völlig verraucht. Da fröstelten wir lieber in unseren Zelten. Vorher mußten wir jedoch noch das spitzenartige Schirlingskraut niedertreten, das uns hier bis zu den Hüften wuchs, als befände es sich immer noch unter freiem Himmel und nicht – wenn auch nur vorübergehend – in einer menschlichen Behausung.

Kaum hatten wir uns häuslich niedergelassen und ausreichend Holz für ein Feuer gesammelt, als ein Bote eintraf, der ein großes, totes Schaf hinter sich auf dem Sattel transportierte. Er überbrachte die Einladung einiger Khane, die wenige Meilen entfernt entlang der Straße ihr Lager aufgeschlagen hatten. Warum wollten wir nicht unsere Zelte abbrechen und diese Nacht ihre Gäste sein? Sie bereiteten uns zu Ehren einen *pasirayi* oder Empfang vor. Entsetzt über die Aussicht, unsere Zelte wieder abschlagen zu müssen, und bereits vertraut mit der Tradition persischer Empfänge, die sich endlos in die Länge ziehen können, gingen wir das Risiko ein, unsere großzügigen, doch unbekannten Freunde zu beleidigen und den Boten mit einer höflichen Absage zurückzuschicken. Das Schaf blieb zurück; wir verspeisten es zum Abendessen und erinnerten uns der Wertschätzung, die Omar dem Hammelbraten entgegenbrachte, denn einer seiner bekannteren Vierzeiler lautet:

»Wenn wir einen Laib Weizenbrot hätten,
Eine Kürbisflasche Wein und eine Hammelkeule,
Und wenn wir, du und ich, in der Wildnis säßen,
Das wäre eine Freude, die in der Macht keines Sultans läge.«

Der nächste Tag brach warm und sonnig an. Es war wohl das erste Mal, daß wir die Sonne sahen, und sicherlich das erste Mal, daß wir ihre Wärme spürten. Im frühen Morgenlicht war Schalil wunderschön. Der Fluß rauschte melodisch durchs Tal, und auf dem gegenüberliegenden, sonnenbeschienenen Bergrücken weideten Schafe und Ziegen. Unser Weg führte uns das Tal entlang; diesmal war es keine Schlucht wie am Tag zuvor unterhalb von Gandom Kar, sondern ein ziemlich weites, sanftes Tal mit dichtbewaldeten Hängen. Die Landschaft war nicht dramatisch, eher angenehm, obgleich wir nicht umhin konnten, eine gewisse Verachtung für diese zahme Umgebung zu empfinden, die zu sehen wir so weit gereist waren. »Da hätten wir ja ebenso gut nach Tirol fahren können.« Doch es wartete noch einiges auf uns an jenem Tag, das wir sicherlich nirgendwo anders gefunden hätten als im Bakhtiari-Gebirge.

Der langsam ansteigende Pfad führte uns auf den Gipfel des Berges. Dort trafen wir einen eleganten jungen Mann auf einem herrlichen Pferd in Begleitung eines Dieners. Er galoppierte auf uns zu und zügelte sein Pferd so heftig, daß es fast auf die Hinterbeine stieg. Dann begrüßte er uns in der allerfreundlichsten Weise. Es war Nosratollah Khan, Sohn des Sardar Zaffar, des Il-Khani. In seinem langen, weißen Gewand, mit den schwarzen Augen, die lächelnd aufblitzten, und dem geschulterten Gewehr wirkte er vor dem Hintergrund seines Heimatgebirges sehr stattlich. Er sagte, die Khane erwarteten uns, und während wir innerlich darüber stöhnten, daß wir dem *pasirayi* nun doch nicht entrinnen könnten, verabschiedeten wir uns von Nosratollah, um weiter zu ziehen. Es dauerte nicht lange, bis wir zum Lager der Nomaden kamen. Die schwarzen Zelte standen auf einem Felsvorsprung oberhalb des Flusses Bazuft, der etwa hundert Meter tiefer jadegrün durch die Felsschlucht rauschte. Wir konnten uns nicht erklären, warum sie diesen schwindelerregenden Posten für ihr Lager ausgewählt hatten. Vielleicht liebten sie den herrlichen Ausblick, den sie von dort aus hatten, oder die ständige Gefahr, vom Felsvorsprung zu stürzen, verschaffte ihnen ein besonderes Glücksgefühl. Als die Khane von unserer Ankunft hörten, kamen sie heraus, um uns höflich zu begrüßen. Dann führten sie uns durch die ärmlichen Quartiere der Diener zu einem großen Zelt, das für den *pasirayi* vorbereitet worden war. Kissen und Teppiche waren ausgebreitet, überall standen Tabletts mit kleinen Süßigkeiten, und natürlich gab es Tee und Zigaretten. Die Konversation war alles andere als mühsam, denn die Khane waren brennend an den Neuigkeiten der Außenwelt interessiert, und wir stellten viele Fragen über die Bakhtiari-Straße. Doch wenn auch die Konversation uns nicht sonderlich schwerfiel, zog sie sich doch in die Länge. Wir wurden langsam unruhig, denn vor uns lag noch ein weiter Weg, und die Sonne stand schon ziemlich hoch am Himmel. Die Khane zeigten keinerlei Neigung, uns anzutreiben, und nach persischem Verständnis ist Eile nicht nur unhöflich, sondern auch völlig unbegreiflich. Außerdem schien unser Hauptgastgeber, Ali Khan, bei aller Höflichkeit in einer äußerst reizbaren Laune zu sein, er beschimpfte in fürchterlicher Weise seine Diener, und wir wollten ihn nicht auch noch in Rage bringen. Wären wir wegen des vor uns liegenden

Weges nicht so besorgt gewesen, hätten wir es sicherlich sehr genossen, dort im Zelt zu sitzen und die bemerkenswerte Szene zu beobachten, die vor unseren Augen ihren Anfang nahm.

Denn dort, am steilen Bergabhang, auf der gegenüberliegenden Seite des Flusses, erblickten wir zum ersten Mal die Bakhtiari-Nomaden auf ihrer Frühjahrswanderung. Bisher waren uns auf der Straße nur vereinzelt Menschen begegnet: unser Kaufmann mit seinen Teppichen, der Sohn des Il-Khani, ab und zu ein Schäfer oder Köhler oder eine einsame Karawane, die Öl aus dem Süden herauftransportierte. Von nun an würden uns die Nomaden entgegenströmen. Wir hatten noch keine Ahnung, was das für uns bedeuten würde. Wir wußten damals noch nicht, daß diese Menschen auf dem gegenüberliegenden Berg nur die Vorhut eines Stromes waren, der uns bis nach Malamir entgegenfluten würde.

Schließlich brachten wir so höflich wie möglich zum Ausdruck, daß wir aufbrechen müßten. Ali Khan befahl seinen Dienern, ein kleines, braunes Lamm hereinzubringen; um seinen Hals hing eine Messingschale, sie sollte sein Blut auffangen. Wir baten ihn, das Lamm am Leben zu lassen, womit wir in Wirklichkeit meinten, er sollte uns mit dem schrecklichen Anblick des Schlachtens verschonen. Wir beteuerten, wir würden es lebend mitnehmen. Unser Gastgeber schien amüsiert, willigte jedoch sofort ein und erhob sich, um uns aus dem Lager zu begleiten. Jetzt kam auch der Grund seiner Reizbarkeit zur Sprache. Er fühle sich nicht gut, erklärte er uns. Ob die Engländer, die doch alle Ärzte seien, ihm nicht helfen könnten? Lionel Smith holte den Arzneikoffer aus dem Gepäck und steckte das Thermometer unter Alis Zunge. Die anderen Khane versammelten sich um ihn und schauten zu. Dann zog Lionel Smith das Thermometer wieder heraus, um es zu prüfen, doch da er sehr verwirrt aussah, fragten wir ihn, was los wäre. Er sagte, er könne das Quecksilber nicht finden, das er zwischen 37 und 38 Grad Celsius vermutete. Nacheinander betrachteten wir das Thermometer und stellten fest, daß Lionel Smith das Quecksilber deshalb nicht gefunden hatte, weil es am anderen Ende der dünnen Säule stand. Ali Khan hatte in der Tat 42 Grad Fieber! Voller Angst, der Mann könnte vor unseren Augen sterben, und man könnte uns die Schuld an seinem Tod in die Schuhe schieben, ließen wir ihm einen großen Vorrat an Chinin zurück und nahmen eilig Abschied.

Hinterher erzählte man uns, daß die Menschen in den Bergen häufig hohes Fieber hätten, doch damit herumliefen, als sei nichts geschehen. Armer Ali Khan. Kein Wunder, daß er so reizbar war.

11

Unten am Fuß des Berges, in der Schlucht, wo der hellgrüne Fluß zwischen den Felsen hervorschoß, hielten wir inne und schauten hinauf zu dem Berg, den wir erklimmen mußten. Der Hang war übersät von blökenden Tieren. Ja, es erschien uns, als würde der Abhang selbst sich auf uns zubewegen, als hätten die Steine und Felsen sich plötzlich gelöst und würden den Berg herunterpurzeln, bald einzeln, bald in einer Kaskade, die sich stetig vom Gipfel ergoß. Hoch über uns am blauen Himmel kreisten Adler. Die Morgensonne stand noch im Osten und warf lange, blaue Schatten auf die fernen, schneebedeckten

Berge. Und die Luft war erfüllt von den jämmerlichen Schreien der Tiere, die sich, vorwärtsgetrieben von ihren Hirten, den steilen Hang hinunterquälten.

Zweimal im Jahr, im Frühjahr und im Herbst, ziehen die Nomaden zu neuen Weideplätzen. Im Frühjahr verlassen sie die verdorrten Ebenen, die unser Ziel waren, um zu den höher gelegenen Weiden von Chahar Mahal zu gelangen; im Herbst kehren sie wieder um, treiben ihr gesamtes Eigentum, ihre gewaltigen Herden, zweihundert Meilen zurück über die Berge. Und wir waren jetzt mitten unter ihnen, ganz im wörtlichen Sinne, denn ihre Herden umbrandeten uns, machten jedes Vorwärtskommen unmöglich, und wir mußten geduldig im Sattel sitzen, auf ein Meer von Tierrücken hinunterschauen und warten, bis der Weg wieder frei war und unsere Maultiere mit plötzlicher Kraftanstrengung auf dem steilen, felsigen Pfad einige Meter weiterklettern konnten. Wenn wir dann wieder innehielten, schien der grüne Fluß ein wenig tiefer unter uns zu liegen, der Strahl der Sonne wirkte ein wenig kräftiger. Wir schwammen gegen diesen lebendigen Strom, sahen ständig neue Tiergesichter auf uns zukommen, trieben einen Keil in die Herde, die sich einen Moment lang teilte, um sich hinter uns wieder zu schließen und weiterzufluten. Das Gefühl, das mich beschlich, war das der Sklaverei, der Notwendigkeit; diese Nomaden, dachte ich, während ich mein Maultier zu einer erneuten Kletterpartie antrieb, sind abhängig – trotz ihrer Unabhängigkeit. Sie sind getrieben, gejagt, sind auf einen bestimmten Weg festgelegt, wie alle anderen Menschen. Und wir fühlten uns erhaben und geschmeichelt, weil wir in die entgegengesetzte Richtung zogen.

So viele tausend Gesichter. Die langen, dümmlichen

Gesichter der Schafe, die Satyr-Gesichter der Ziegen mit den kleinen, schwarzen Hörnern; die geduldigen Gesichter der Esel, die unter den schweren Lasten zielstrebig ihren Weg verfolgten. Dann tauchten plötzlich sechs oder acht kleine Köpfe neugeborener Zicklein auf, schauten aus einem Sack, der auf einen Eselsrücken gebunden war. Zicklein und Lämmer gab es in großer Zahl, ja überhaupt eine Menge junges Leben jeglicher Art: Zicklein und Fohlen, Kälber und Kinder. Die Älteren mußten selbst über die Steine springen, nur die Allerjüngsten wurden getragen: ein Wurf junger Hunde saß auf dem Rücken eines Maultiers, ein Baby lag in einem Tragegestell, das an den Schultern seiner Mutter befestigt war. Auch die Hühner reisten mit; sie saßen auf dem Rücken eines Esels. Hinter jeder Herde – denn jede Herde stellte auf ihre Art eine selbständige Familie dar – kamen die Männer, trieben die Zurückgebliebenen mit Stöcken an und stießen seltsame Schreie aus, denen die Tiere gehorchten. Dann kamen die Frauen. Auch sie schlugen auf die Nachzügler ein. Junge Frauen in roten und gelben Tüchern, alte Frauen, die die Berge wohl schon hundertmal überquert hatten. Sie waren alle viel zu erschöpft oder teilnahmslos, um uns anzuschauen. Einige jedoch blieben stehen, um ein paar Fragen zu stellen: Lag Schnee auf den Pässen? Führten die Flüsse Hochwasser? War es sehr schlammig auf der Straße? Schließlich waren wir den Weg heruntergekommen, den sie hinaufziehen mußten, und in den Bergen verbreiten sich Neuigkeiten nur von Mund zu Mund. Wir machten ihnen Mut. Sie nickten matt und zogen weiter.

Wir waren den Weg gegangen, den sie noch gehen mußten, wir kannten die Anstrengungen, die vor ihnen lagen, die Pässe, die sie überqueren, die Schluchten, die sie hinauf- und hinunterklettern mußten, den glitschigen

Schlamm, der jeden Schritt erschwerte, die plötzlichen Wetterumschwünge. Doch für uns lag jede Hürde, die wir überwunden hatten, für immer hinter uns: Wir würden die Straße nur ein einziges Mal bereisen. Für sie war das anders. Es war nur eine unter vielen Reisen. Zweimal im Jahr unternahmen sie sie aufs neue, Jahr für Jahr, ein Leben lang.

Ihre Haut war dunkel; Büschel schwarzen Haares schauten unter dem *kolah* hervor; das blaue Leinen ihrer langen Umhänge betonte noch die Dunkelheit ihrer Haut. Die Männer waren glattrasiert und hatten hohe Wangenknochen, überall der breite, tatarische Typ. Die jüngeren Frauen sahen schön aus, wenn sie auf ihren schlanken Ponys an uns vorbeiritten, ihre Köpfe waren mit auffällig bunten Tüchern bedeckt; doch das rauhe Leben ließ sie frühzeitig altern, und unter den weiten Gewändern waren die Körper der Älteren formlos und gebückt. Auf ihren Ponys wirkten sie wie Bündel, die man auf andere Bündel gestapelt hatte.

Die Bakhtiari sind ein stolzes Volk; sie behaupten, von allen Volksstämmen Persiens als einziger nie von Alexander besiegt worden zu sein. Auf diese Weise prahlen sie sowohl mit ihrem kriegerischen Geist, wie auch mit ihrer uralten Herkunft. Bis auf den heutigen Tag sind sie streitlustig und auf ihre Unabhängigkeit bedacht. Sie regeln ihre Streitigkeiten untereinander, bestrafen Übeltäter nach eigenem Gesetz und lehnen jede Einmischung der Regierung ab. Sie wählen ihre eigenen Führer, den Il-Khani und den Il-Begi, obgleich sie die Oberherrschaft des Schahs formal anerkennen; aber der Schah ist in Teheran, und Teheran ist weit. Doch der fremde Reisende auf der Bakhtiari-Straße ist nicht in erster Linie von der stolzen Wildheit oder der idyllischen Einfachheit dieses Volkes beeindruckt. Er sieht eher die Mühseligkeit ihres Nomadenlebens, die Notwendigkeit im Kampf ums bloße Überleben. Wer hier gewesen ist, weiß, daß die Idylle des Hirtenlebens im wesentlichen ein literarisches Klischee ist. In Wahrheit ist die Natur ein ebenso unerbittlicher Zuchtmeister wie die Zivilisation, und unter solchen Bedingungen besteht das Leben aus harten Tatsachen.

Die Männer, die die Herden treiben, sind müde. Die Frauen, die den Männern folgen, sind ebenfalls müde; oft haben sie gerade ein Kind geboren oder werden bald eins zur Welt bringen. Die Kinder, die hinter ihren Eltern herstolpern, wimmern und klagen. Für uns, die wir aus Europa kommen, liegt etwas Poetisches im Anblick eines persischen Hirten, der nach seinen Ziegen und Schafen ruft; doch der persische Hirte selbst sieht nichts anderes darin als die tägliche Aufgabe, eine Anzahl widerspenstiger Tiere von der Stelle zu bewegen.

Wenn Romantik die Realität eines fremden Ortes oder einer fernen Zeit bedeutet, so treffen für die Bakhtiari-Straße gleich beide Umstände zu: Persien ist nicht nur weit von England entfernt, diese biblische Existenzform gehört auch einem anderen Zeitalter als dem des zwanzigsten Jahrhunderts an – in unseren Augen ist es ein Anachronismus, und folglich romantisch. Für die romantische Vorstellung sind die beiden Elemente Raum und Zeit notwendig – das geographische wie das chronologische Moment –, beide sind hier erfüllt. Wir befinden uns auf der Bakhtiari-Straße, in einem der wildesten Teile Persiens; laßt uns die Sache also für bare Münze nehmen und sehen, was sich bei einer malerischen Sichtweise aus ihr machen läßt. Laßt uns in dieser Hinsicht ruhig zynisch sein. Laßt uns romantisch sein, solange es noch möglich ist.

Der Abhang wimmelt von Tieren. »Bäh!« rufen die Schafe, »Mäh-h-h!« rufen die Ziegen. Sie blöken und blöken; und noch heute, wenn in England eine Schafherde in der Nähe meines Gartens weidet und ich ihr Blöken höre, trägt mich die Erinnerung zurück auf den Murvarid-Paß, ich fühle die Sonne heiß auf meine Hände scheinen; es ist ein seltsames Gefühl – ähnlich dem, das einen befällt, wenn man nachts aufwacht und davon überzeugt ist, daß das Bett sich inzwischen um die eigene Achse gedreht hat. Es sind Tausende, Abertausende von Tieren, die zwischen den Felsbrocken herumspringen, stoßen, drängeln. Einige von ihnen sind lahm, aber was könnte ihnen das helfen? Wir sind in der Wirklichkeit, da gibt es keine Romantik. Lahm oder nicht, sie müssen vorwärts, immer weiter. Zweihundert Meilen müssen zurückgelegt werden, ehe die Sonne noch heißer wird und die bereits kärglichen Weiden versengt. Deshalb treiben die Hirten sie mit ihren Stöcken voran. »Oh!« rufen die Hirten, es klingt ähnlich wie unser englisches »Oh«, und wirkt in den persischen Bergen seltsam fehl am Platze. Oh. Ein Laut, wie in den Straßen Londons. Doch die Tiere reagieren darauf. Sie laufen davon, als mache es ihnen Angst. Wir sitzen reglos auf unseren Maultieren, während sie vorübereilen. Die Männer beachten uns kaum, es sei denn, sie halten an, um uns etwas zu fragen. Sie scheinen kaum zu bemerken, daß wir Europäer sind, aber vielleicht sind wir, die wir von einem weit entfernten Ort kommen, auch romantische Figuren für sie? Nein, für sie sind wir einfach nur eine Karawane, die in die entgegengesetzte Richtung zieht, ein Hindernis, wenn auch ein langmütiges, geduldiges, an dem sie vorbeiziehen müssen. Oh. Und ein Meer von Tierrücken brandet um die Beine unserer Reittiere. Der Geruch ihrer Felle steigt zu uns auf, ätzend. In blauen Leinenmänteln, mit hohen, schwarzen Filzhüten folgen die Männer, und ihre Stöcke sausen dumpf auf die wolligen Rücken nieder. Oh. Die Sonne ist heiß, steht hoch am Himmel. Der jadegrüne Fluß unten im Tal flimmert in der Sonne. Die schneebedeckten Berge erstrecken sich in der Ferne. Eine alte Frau wandert zu Fuß, auf ihren Schultern trägt sie ein regloses Eselfohlen. Ein paar aufgeregt kreischende Hühner reisen zusammen mit einer Ladung Töpfe und Pfannen auf dem Rücken eines Ponys. Ein Wurf kleiner Hunde, der bald zu wilden Wachhunden erzogen wird, hockt zusammengeknäult und wollig auf einem anderen Eselsrücken. Sie versuchen, uns anzuknurren, doch es klingt nicht sehr überzeugend. Ein Kind treibt eine kleine Herde aus Lämmern und Zicklein vor sich her – Jugend unter der Aufsicht der Jugend. Oh. Und dann eine neue Flut von Schafen und Ziegen, belebten Felsbrocken. Wie steinig die Straße ist! Wie langsam wir vorankommen! Weiter, weiter. Oh.

Dies also war das Leben bar jeder mechanischen Erfindung. Man vergißt nur allzu schnell, daß es auf dieser Welt immer noch Gegenden gibt, die von der Zivilisation unerreicht bleiben. Selbst das Rad, das grundlegendste aller mechanischen Hilfsmittel, existierte hier nicht, ja konnte hier gar nicht existieren. Die Morgendämmerung war die Zeit, in der man aufbrach, die Abenddämmerung die Zeit, in der man haltmachte. Aus Quellen wurde getrunken, auf Lasttiere band man sein bewegliches Heim. Ein Tier aus der Herde schlachtete und verzehrte man. Lagerfeuer. Eine Geschichte. Schlaf. Weiter nichts.

Wenn wir an den Abenden unser eigenes Lager aufgeschlagen hatten, sahen wir die Nomaden unter einem anderen Aspekt. Dann hockten sie neben ihren schwarzen Zelten, der Rauch ihrer Pfeifen vereinigte sich mit dem

Rauch der Lagerfeuer, die Frauen kochten, die Tiere liefen umher und grasten. Dann konnten sie sich ausruhen, brauchten sich nicht mehr mühsam vorwärts zu quälen, und der Reiz des Hirtenlebens trat wieder hervor. Auf der Straße nahm man nur Härte, Gewalt und Erschöpfung wahr. Das lahmende Pferd, das sterbende Schaf, die Frau kurz vor der Niederkunft, der Mann mit einer blutenden, in Lumpen verbundenen Wunde – all dies waren schmerzliche Anblicke, noch schmerzhafter durch das Wissen, daß es keine Ruhepause und keine Erleichterung gab. Nur an den Abenden, im stillen Tal, mit einer Quelle, die aus einem nahen Felsen sprudelte, und dem Mond, der hinter den Bergen aufging, schien die Welt tatsächlich zu einer frühen, klaren Einfachheit zurückzukehren. Theokrit und die Bibel nahmen eine neue, lebendigere Bedeutung an. Das Pastorale, das Patriarchale, hörten auf, dekoratives Beiwerk einer bestimmten Art von Literatur zu sein, wurden reizvoll auch als Teil des wirklichen Lebens.

Unterdessen stiegen wir den größten Teil des Tages bergan, eroberten uns Schritt für Schritt den Murvarid-Paß, um auf der anderen Seite wieder hinunterzusteigen; und als der Abend anbrach, kamen wir in das wunderschöne Tal von Deh Diz, mit einer einsamen, großen Pappel als Wachposten, einem zerstörten Schloß im Hintergrund und dem langen Kamm des schneebedeckten Kuh-i-Mangascht in der Ferne. Unser Lagerplatz befand sich diesmal in einer Plantage mit Granatapfelbäumen, neben einem klaren Bergfluß auf einer grasigen, mit Steinen und Felsen übersäten Terrasse. Die Seile wurden aufgeknotet, die Gepäckstücke fielen zu Boden; die Männer beugten sich darüber, um unsere Besitztümer auseinander zu sortieren. Das kleine braune Lamm, das Ali Khan uns geschenkt hatte und das den ganzen Tag über brav neben unserer Karawane hergetrottet war, hing tot an einem Ast, einen Blutstropfen an der Nasenspitze; eine blaue Rauchsäule stieg bereits aus unserer Küche auf. Der Abend war lau und heiter, die Berge um uns herum wirkten düster und unheimlich. Frieden breitete sich in unseren müden Gliedern aus, ein Gefühl plötzlicher Vertrautheit mit diesem stillen Ort, den keiner von uns jemals wiedersehen würde, dessen Konturen sich uns jedoch bereits tief eingeprägt hatten. Irgend jemand hatte eine Handvoll wilder Gladiolen gepflückt und in einem Glas auf unseren wackligen Eßtisch gestellt. Es ist schon eigenartig, wie schnell bei dieser Art von Leben jeder Rastplatz zum Zuhause wird. Als würde man instinktiv die in allem vorhandene Vergänglichkeit abwehren und durch Überanpassung auszugleichen suchen. Und doch wußten wir: Wenn wir am nächsten Morgen bei Tagesanbruch weiterzogen, würde von uns nichts weiter zurückbleiben als das schwarze Rund unseres Lagerfeuers und das heruntergetretene Gras, auf dem unsere Zelte gestanden hatten. Der goldene Pirol würde auf seinem Myrtenzweig sitzen; die Quelle würde sprudeln, ohne irgendeine Erinnerung an die Fremden, die sich über sie beugten, um ihre Becher zu füllen.

12

Doch es war uns nicht bestimmt, Deh Diz am nächsten Morgen zu verlassen. Als wir nach dem Abendessen am Feuer saßen, hörten wir in der Ferne schon Donner grollen, und die Maultiertreiber kamen herbeigelaufen und riefen, es würde innerhalb kürzester Zeit ein Sturm über uns hereinbrechen. Wir zählten die Sekunden zwischen Blitz und nächstem Donner; demzufolge hatten wir etwa zwanzig Minuten Zeit, unsere Vorbereitungen zu treffen. Eilig stoben wir in verschiedene Richtungen auseinander. Die einen rammten die Pflöcke der Maultiere fester in den Boden, die anderen taten das gleiche mit den Zeltstangen und hoben rings um die Zelte kleine Gräben aus, wieder andere brachten unseren Eßtisch in Sicherheit. Kaum waren wir für den Sturm einigermaßen gerüstet, als er auch schon über uns hereinbrach. Wir fünf hatten uns im größten Zelt versammelt und hielten mit vereinten Kräften die Zeltstange fest. Wir rechneten jeden Augenblick damit, samt Zelt davongeblasen zu werden, so heftig fegten die plötzlichen Windböen heulend durch das Tal. Hagel prasselte hernieder, und wir dachten dankbar an unsere kleinen, hastig ausgehobenen Gräben. Es donnerte nun unablässig. Wenn wir vorsichtig durch den Schlitz in der Zeltwand nach draußen schauten, sahen wir das Tal von gewaltigen Blitzen erleuchtet; der Schnee auf den fernen Bergrücken funkelte, und das Tal zeigte ein gespenstisches Grün, während der Himmel aussah, als würde er von einem schnell geführten goldenen Schwert in Stücke zerrissen. Dann zog der Sturm weiter, wir hörten ihn über die Berge heulen; als wären die Räder eines großen, himmlischen Streitwagens über uns hinweggefahren und rollten jetzt weiter über die Eichenwälder und die schwarzen Zelte der Nomaden, so kreiste der Sturm über den Bergen und kehrte während der Nacht immer wieder zu unserem Lager zurück.

13

Als wir am Morgen hinausschauten, sahen wir zu unserem Erstaunen, daß der Boden mit Schnee bedeckt war. Es war völlig undenkbar, unsere Reise an diesem Tag fortzusetzen: die Maultiere hätten das Gewicht der durchnäßten Zelte gar nicht tragen können. Wir waren dazu verurteilt, einen ganzen Tag lang untätig in Deh Diz zu verbringen. Gegen zehn Uhr jedoch hatte die warme Sonne den Schnee aufgetaut, und die Zelte dampften wie die Flanken eines Pferdes. Wir hingen alle nassen Sachen, die wir finden konnten, zum Trocknen auf die Zeltschnüre und streckten uns – sehr zu Freude einer Gruppe neugieriger Dorfbewohner – auf Decken in der Sonne aus.

Es war eine willkommene Abwechslung, zwischendurch auch einmal einen faulen Tag zu verbringen. Soweit ich mich erinnern kann, lasen wir in den Apokryphen und gingen ein wenig spazieren, jedoch nicht weiter als bis zu der Quelle, an der wir unsere Wasserflaschen füllten. Wir bewunderten den Dorfriesen, einen hochgewachsenen Mann von mindestens zwei Meter zehn. Wir plauderten mit einem wandernden Derwisch, der sich in unser Camp verirrt hatte; er trug eine Art Zepter aus Messing, das von der ausgestreckten Hand Allahs gekrönt wurde. Wir lauschten einem Blinden, der uns ein endloses Lied über *hazrat-i-isa* (»seine Majestät Jesus«) vortrug. Wir schauten der Gruppe von Frauen zu, die mit leeren Ziegenhäuten zur Quelle hinabstiegen. Aus ihren schmalen, dunklen Augen warfen sie uns verstohlene Blicke zu und kicherten verschmitzt wie eine verschwörerische Kinderbande. Bald kehrten sie mit ernsteren Mienen zurück, gebeugt von den schweren, tropfenden Ziegenhäuten, die schwarzglänzend auf ihren Schultern ruhten und ihre blauen Kleider durchnäßten. Wir beobachteten sie, wie man scheue Tiere beobachtet, die aus dem Wald hervorgeschlichen kommen – dem Wald ihres geheimnisvollen, unerforschten Lebens in den Lehmhäusern von Deh Diz. Es war ein Leben der Zänkereien, Eifersüchteleien und Entbehrungen, das sie am rauchenden Feuer verbrachten, den Kopf über die Töpfe gebeugt, die schrille Stimme der Schwiegermutter und das Schreien der Kinder im Ohr, bis die Gestalt eines Mannes den Eingang der Hütte verdunkelte und ein Gezeter über die Rebhühner ausbrach, die er in Händen hielt. Ja, geheimnisvoll sahen sie aus, gerissen wie Sklaven und töricht wie kleine Kinder, doch schön unter den blauen Haarnetzen, mit dem vorsichtigen Gang von Menschen, die barfuß gehen und große Lasten transportieren müssen. So faulenzten wir vor uns hin und machten uns mit den Dorfgewohnheiten von Deh Diz vertraut, während unsere Maultiere unter den Granatapfelbäumen weideten und die Adler hoch über den Bergen kreisten, wo Gladiolen und Enzian wuchsen.

14

Die Etappe zwischen Deh Diz und Qaleh Madresseh führte durch die schönste Landschaft, die wir bisher gesehen hatten. Wir befanden uns jetzt mitten im Herzen des Gebirges. Unmittelbar hinter Deh Diz ist die Straße eher eintönig, eine fortwährende Berg- und Talfahrt, mühsam und monoton. Wir lenkten unser Interesse, so gut wir konnten, auf die plötzliche Vorwegnahme einer noch fernen Zukunft und die Beschäftigung mit weit zurückliegenden Denkmälern einer alten Zeit: Ein Mann pflügte mit zwei Ochsen verstreute Felsbrocken unter, er schrie und schimpfte mit seinen Tieren, während sein primitiver Pflug den Abhang auf und nieder ruckelte und die Erdnarbe aufriß, die ihm im Herbst vielleicht (oder vielleicht auch nicht) eine Handvoll Getreide bringen würde; dort, dicht an der Straße, ein Friedhof, wo zwischen blutroten Mohnblumen uralte Steinlöwen an die Tapferkeit verstorbener Bakhtiari gemahnten. Ergreifende kleine Friedhöfe waren das, verloren in den Bergen. Löwen sollen in diesem Gebirge einst sehr zahlreich gewesen sein, und die Bakhtiari hatten, wenn sie nicht mit ihnen kämpfen wollten, einen besonderen Kodex, nach dem sie sie behandelten. Es gäbe zwei Sorten von Löwen, behaupteten sie: muslimische und ungläubige. Man könne sie an ihrer Farbe erkennen. Die muslimischen hätten ein hellgelbes, die ungläubigen Löwen ein dunkleres Fell und eine schwarze Mähne. Wenn man einen muslimischen Löwen träfe, brauchte man nur zu sagen: »O du Katze Allahs, ich bin der Diener Allahs«, und der Löwe würde sich in die Berge trollen. Wenn man jedoch einen ungläubigen Löwen träfe, sei es am klügsten, die Beine in die Hand zu nehmen.

Von Löwen erzählt man auch heute noch im Puscht-i-Kuh, dem Bergkamm, der sich nordwestlich des Bakhtiari-Gebirges erstreckt; und im Bakhtiari-Gebirge selbst soll es noch Bären und Leoparden geben, vor allem Schneeleoparden, doch wir sahen noch nicht einmal die Fährte eines solchen Tiers. Wölfe, Luchse und Hyänen waren ebenfalls in Layards Zeit noch recht häufig anzutreffen und hatten zu den Gefahren beigetragen, die dieser außerordentlich tapfere Mann auf sich genommen hatte, sobald er – allein, oder mit einem Führer, dem er allerdings nicht viel Vertrauen schenken konnte – sich auf den Weg machte, um in den noch nicht kartographierten Tälern und Schluchten nach alten Grabmälern oder Inschriften zu suchen. Ich dachte oft an Layard, als ich durch das Bakhtiari-Gebirge ritt. Es ist einfach, sich Gefahren auszusetzen, wenn man völlig gesund ist. Layard hingegen konnte nie vorhersehen, wann der nächste Anfall von Wechselfieber ihn zwingen würde, vom Pferd zu steigen, um dann, die Zügel fest um sein Handgelenk gebunden, zwei oder drei Stunden in Fieberwahn und Bewußtlosigkeit auf dem Boden zu liegen. Eine unangenehme, mißliche Lage in einem Land voller Mörder, Plünderer und wilder Tiere. Ein tapferer Mann, dachte ich, als ich die Steinlöwen zwischen den Mohnblumen erblickte.

Gegen Mittag erreichten wir wieder den Karun und ritten einen felsigen Pfad entlang, der uns über den Fluß und schon bald in die Schlucht von Pul-i-Godar führte. Hier windet sich der Karun zwischen spitzen Bergen hindurch, um sich im Labyrinth der Bergkämme wieder zu verlieren. Wir ließen ihn weit unter uns, denn nach Pul-i-Godar stieg der Weg steil an und führte uns auf einen Paß mit einem herrlichen Blick über die zerklüftete Landschaft. Es müssen schon seltsame geologische Erschütterungen gewesen sein, die diese Berge hervorgebracht haben. Die verschiedenen Schichten des Gesteins waren so deutlich zu erkennen, daß die einzelnen Berge wie Stapel gigantischer Dachziegel aussahen, die jedoch nicht horizontal übereinandergeschichtet waren, sondern senkrecht gegeneinander gestellt in die Höhe stiegen. Bei einigen Bergen verliefen die Linien des Gesteins vertikal, bei anderen schräg, so daß man das Gefühl hatte, den gewaltigen Prozeß der Umwälzung noch vor sich zu sehen. Im Laufe der

Zeit würden sich diese Felsmassen unter einem unsichtbaren Druck weiter gegeneinander verschieben; was jetzt noch geneigt war, würde aufrecht stehen, und was jetzt noch aufrecht stand, würde sich neigen, bis es zur Seite kippte. Auf diese Weise würden die Berge langsam umgeschichtet. Nicht die bloße Erhabenheit der Landschaft war also das eigentlich Beeindruckende, sondern der erschreckende Beweis, daß die Natur immer noch in den Wehen liegt und unsere Erde Veränderungen kosmischen Ausmaßes unterlegen ist. Die wilde Einsamkeit des Passes, die vielen Täler, die zu unbekannten Hindernissen führten, die schmalen Pfade, die von Generationen von Menschen getrampelt worden waren – all dies rief eine Ahnung elementarer Kräfte hervor, die die Phantasie anregte und zugleich ernüchterte.

Und jetzt kamen die Nomaden, die langsam uns entgegenziehenden, unvermeidlichen Nomaden. In einem langen, unaufhörlichen Strom wanden sie sich durch die Berge. Und so zwergenhaft sie in dieser Landschaft, die ihre Heimat war, auch immer wirken mochten, sie bildeten einen wesentlichen Bestandteil dieses Landes. Es schien angemessen, daß diese Berge im milden Frühling und Herbst Zeugen ihrer Pilgerschaft wurden, so wie es angemessen war, daß sie während des heißen Sommers und des öden Winters einsam blieben. Auf dem Murvarid-Paß hatten wir Nomaden getroffen, die uns von oben entgegenzogen; jetzt ritten wir hinunter ins Tal von Qaleh Madrasseh, und sie kamen zu uns herauf, ihre aufwärts gerichteten Blicke suchten den einfachsten Weg, ihre Tiere kämpften sich von Fels zu Fels weiter bergan. Doch wir mußten hinunter. In steilen Serpentinen schlängelten wir uns, den Pfad in der Tiefe unter uns immer wieder voller Leben, hinab ins Tal, das von schwarzen Zelten übersät war. Dann kam die Rast, auf einem offenen, grasbewachsenen Platz, umsäumt von Bergen. Ein weiterer Tag war vergangen.

Aber Rahim, der es so gut meinte und doch so viel Pech hatte, stolperte über eine Zeltleine und verschüttete unsere Suppe.

15

Wie würde es einem selber ergehen, fragte ich mich, wenn man eine lange Zeit an einem Ort wie Qaleh Madrasseh verbrächte? Eine Woche, einen Monat, ein Jahr, dreißig Jahre? Dreißig Jahre. Wenn man mit dreißig dort ankäme und so lange dort bliebe, bis man sechzig ist, wenn man die wichtigsten Jahre seines Lebens in Qaleh Madrasseh verbrächte? Man würde die Pfade erforschen, die hinauf in die Berge führen und reine Ziegenpfade sind; man würde auf kleine Dörfer stoßen, die auf keiner Karte verzeichnet sind; man würde unverdorbene, unwissende, natürliche Menschen kennenlernen und mit ihnen sprechen. Man würde alle wilden Blumen und ihre Jahreszeiten kennenlernen, jeden Wechsel im Tageslicht zu deuten wissen. Doch was würde innerlich geschehen? Das ist doch das Wichtigste. Die einzigen Ziegenpfade, die man wirklich erforschen will, sind die Ziegenpfade des Geistes, die in unbekannte Berge führen; die einzige Kultiviertheit, der man entfliehen will, ist die eigene. Noch einmal neu anfangen, ohne Vorurteile, ohne fest umrissenes Wissen. Lichtwechsel deuten, die aus innerer Erleuchtung kommen, nicht aus dem Spiel des Rampenlichts in einer festgefügten Szenerie. Fern aller Zeitungen, fern aller Diskussionen (doch nicht aller Bücher, was ich mir ausbedinge). Zurückgeworfen auf die eigenen Ressourcen, die eigenen, verschwiegenen Zerstreuungen.

Dreißig Jahre in Qaleh Madrasseh.

Woraus besteht das zivilisierte Leben? Aus Mobilität, Nachrichten, Gefühlen, Konflikten und Zweifeln. Ich glaube, diese Schlagwörter sind vieldeutig genug, um jede individuelle Situation angemessen zu beschreiben? Nun, in Qaleh Madrasseh würden die meisten von ihnen gegenstandslos werden: Mobilität gäbe es auf keinen Fall – abgesehen von den langsamen, beschaulichen Exkursionen, die zu Fuß unternommen werden können. Auch Nachrichten gäbe es keine – außer den örtlichen Neuigkeiten natürlich, die von Mund zu Mund weitergegeben werden. Doch was ist mit dem Wachstum des Geistes? Der Geist hätte bloß die eigene, reiche Weide, um sich zu nähren. Er würde sich sogar über die Nomaden erheben, die zweimal im Jahr durch die Berge strömen – und über einen Zeitraum von dreißig Jahren würde er sechzig Mal Zeuge dieses Stromes sein. Er würde ein Gefühl für seine eigenen, unerschöpflichen Reichtümer gewinnen, die von der Jahreszeit unabhängig sind, unabhängig vom Wechsel der Weiden von Malamir nach Chahar Mahal, vom Austausch des Südens gegen den Norden. Dieser Geist würde äsen und brüten, säen und reifen. Wenige von uns haben solche Muße je kennengelernt. Die sie erreichen, werden zum Lohn Exzentriker genannt – mir scheint jedoch, daß sie zu den Weisen gehören. Die Welt ist allzu präsent in unserem Leben, von früh bis spät; wir sind allzu stark verwoben in unser Netz aus Verpflichtungen und Beziehungen.

Wer seine Erfüllung nur in Taten finden kann und sich am liebsten ausdauernd in Aktivitäten stürzt, wird von dieser Lösung nicht befriedigt sein. Ich aber bin ein

Mensch, der ein starkes Bedürfnis nach Einsamkeit verspürt. Vielleicht sollte ich mich sogar nach einem weniger bevölkerten Fleckchen Erde als ausgerechnet Qaleh Madrasseh umschauen, einem Ort, der noch weiter in den Bergen liegt, den selbst der Strom der Nomaden nicht mehr berührt. Die Misanthropie der meisten Menschen wäre schon befriedigt, wenn sie ihr Lager in Sichtweite der Bakhtiari-Straße, dieser primitiven, gewalttätigen, nur von Zeit zu Zeit benutzten Landstraße, aufschlagen würden. Meine wäre es nicht. Je abgelegener der Ort, desto größer jene Magie, die Marlowe oder Milton schon allein im romantischen Namen eines Ortes entdeckten. (Und darin liegt für mich auch die einzige Rechtfertigung, daß ich Reisebücher schreibe.) Der Vergleich hinkt nur in einem Detail: Marlowe hat Persepolis nie gesehen, während ich dort gewesen bin; Milton hat Trabezunt nie zu Gesicht bekommen, ich jedoch war in Qaleh Madrasseh. Deshalb stehe ich auf festerem Boden als Marlowe oder Milton. Ich weiß, wovon ich spreche. Für mich ist Qaleh Madrasseh Wirklichkeit, für Milton war Trabezunt nur ein Mittel zur Flucht. Ithaka oder die Fidschi-Inseln hätten seinem Zweck ebenso dienen können – gleichwie der englische Grasmere-See dem Bakhtiari-Hirten, der seine Ziegen über die Berge treibt. Ein Name ist ebensogut wie ein anderer, vorausgesetzt er klingt exotisch genug.

Selbst Proust war, trotz seiner beißenden Intelligenz, keinesfalls immun gegen den romantischen Reiz fremdartiger Namen. Guermantes, Saint Loup, Combray – diese Namen riefen in ihm die Romantik einer Welt wach, die er vergeblich verspottete, von der er jedoch offenbar fasziniert war. Einmal dem Einfluß von Paris entflohen, zeigt Proust sich nicht weniger vom Exotischen angezogen als Milton oder Marlowe. »On serait venu pour me voir, pour me nommer roi«, schreibt er, »pour me saisir, pour m'arrêter, que je me serais laissé faire, sans dire un mot, sans rouvrir les yeux, comme ces gens atteints du plus haut degré du mal de mer et qui, en traversant la mer Caspienne, n'esquissent même pas une résistance si on leur dit qu'on va les jeter à la mer.« *

Der Schlüssel zu diesem Satz liegt natürlich in den Worten »mer Caspienne«. Proust gebraucht sie, wie Milton und Marlowe sie gebraucht hätten – mit dem einzigen Unterschied, daß weder Milton noch Marlowe das Kaspische Meer mit etwas so Realistischem wie der Seekrankheit in Verbindung gebracht hätten. Ich jedoch meine Qaleh Madrasseh, wenn ich Qaleh Madrasseh sage. Ich meine genau diesen Ort, dessen Umrisse ich kennengelernt habe, dessen Täler ich voller Neid betrachtet habe, weil ich keine Muße hatte, sie gleichzeitig zu erforschen. Soweit zumindest befinde ich mich auf festem Boden. Doch welche Auswirkungen die Einsamkeit an einem solchen Ort haben würde, davon weiß ich nicht mehr, als Marlowe oder Milton wußten. Es ist reine Spekulation, die zweifellos keinem dieser beiden bedeutenden Dichter oder ihren bescheideneren Zeitgenossen überhaupt in den Sinn gekommen wäre; für sie war es noch ungewöhnlich, Komplikationen hypothetisch durchzuspielen, was uns heutzutage als selbstverständlich erscheint. Die bloße Erwähnung der Namen Persepolis

* »Wäre man gekommen, um mich zu sehen, um mich zum König zu ernennen, um mich zu ergreifen, um mich festzunehmen – ich hätte mir alles gefallen lassen, ohne ein Wort zu sagen, ohne die Augen noch einmal zu öffnen, wie die Menschen, die von der Seekrankheit befallen sind und die, wenn sie das Kaspische Meer überqueren, überhaupt keinen Widerstand leisten, wenn man ihnen sagt, daß man sie ins Meer werfen wird.«

und Parthia, Ternate und Tidore reichte aus, um einen angenehmen, rosigen Schleier zwischen die eigene Person und die Wirklichkeit zu schieben und orientalischen Glanz über die Buchseiten zu verbreiten; diese Schriftsteller verspürten kein Bedürfnis, den eigenen Andeutungen bis zu ihrem logischen Schluß zu folgen. Hätte ihnen jemand vorgeschlagen, Parthia oder Persepolis, Tidore oder Ternate einmal selbst zu besuchen, hätten sie sich zweifellos bestürzt zurückgezogen. Wahrscheinlich hatten sie nur eine sehr ungenaue Vorstellung davon, wo diese Orte sich befinden. Und obwohl ich genau weiß, wo Qaleh Madrasseh liegt, glaube ich nicht, daß ich, sollte sich die Möglichkeit ergeben, freudig auf den Vorschlag eingehen würde, dreißig Jahre dort zu verbringen, da ich über die Konsequenzen nur allzu vage Vorstellungen hätte.

Was, zum Beispiel, würde aus der eigenen Fähigkeit, Gefühle zu haben, werden? Würde sie aus Mangel an Gelegenheit gänzlich verkümmern oder im Gegenteil sich noch schärfen? Was würde aus der Kraft des Verstandes werden? Würde sie in Ermangelung eines Widerstandes, an dem sie sich reiben kann, abstumpfen? Oder würde sich eine neue, höhere Weisheit entwickeln, aus einem nicht menschlichen Gefühl für Proportionen heraus, wo nichts erreicht und nicht nach Leistung gestrebt, doch durch kontemplative Betrachtung ein gelassenes, unendlich duldsames Urteil über die Schwächen der Menschheit erlangt wird? Man würde ja zu Beginn des dreißigjährigen Rückzugs in Qaleh Madrasseh kein orientalischer Mystiker sein, der mit der Welt des Intellekts, der Eitelkeit und der Wissenschaft keinerlei Erfahrung hat, sondern als wohlgerüsteter Exilant aus einem zivilisierten, europäischen Staat dort hinkommen. Überfrachtet mit Informationen und ihrer überdrüssig, verwirrt durch

Glaubensbekenntnisse, die im Gehirn aufeinanderprallen und dabei nicht mehr hervorbringen als ein blechernes Klappern, würde man entweder in eine stagnierende Ruhe verfallen oder in eine konzentrierte Umwandlung aller Werte.

Da die bloße Vorstellung von Stagnation schon scheußlich ist, wollen wir sie ohne Umschweife verwerfen. Im Exil in Qaleh Madrasseh wäre man mit einer ganzen Legion von Tatsachen konfrontiert, die darauf warteten, in Reih und Glied gebracht zu werden – eine wilde Mischung von Tatsachen, die ständig anwächst: Fragmente des Wissens, Facetten der Beobachtung, Ideen, die so widersprüchlich sind wie Sprichwörter; vergängliche Theorien, die, kaum erdacht, wieder verworfen werden. Zumindest hätte man genügend Zeit, um sie in wechselnden Formationen zum Appell antreten zu lassen. Das wäre in der Tat eine stattliche Legion; und jede Einheit wäre so kompliziert wie der Soldat, ebenso vielschichtig und auf die verschiedensten Weisen interpretierbar. Immerhin bilde ich mir ein, daß man diese außergewöhnliche Situation erfolgreich meistern könnte – so erfolgreich, daß man am Ende der dreißig Jahre, wenn man wieder in der Welt erscheint, mit der Stimme eines Propheten sprechen würde.

Eine ganze Schar von Gedanken erscheint so plötzlich wie eine Schar Stare, die sich vom Boden erhebt. Obgleich ich mich gern mit der Frage beschäftigen würde, welche Form die eigene Bekehrung unter diesen Umständen annähme – ob derjenige, der die Muße gehabt hätte, seinen Geist zu öffnen, von dem Verlangen beseelt wäre, seinen Mitmenschen das Gleiche anzuraten; ob es Dummheit, und nicht Bosheit wäre, was er verdammen, und Verstand, nicht Glauben, was er fordern würde –

habe ich doch das Gefühl, daß dies nicht der richtige Ort dafür ist.

Eine unbedeutendere, leichtfertigere Frage kommt mir in den Sinn: die Frage nach der Gesellschaft. Weil es in Qaleh Madrasseh menschliche Gesellschaft, wie wir sie kennen, gar nicht gäbe, und weil die große Mehrzahl der Menschen von ihr abhängig ist. Der Mensch ist nun einmal von Natur aus ein geselliges Wesen. Allerdings nimmt das Verlangen nach Gesellschaft unterschiedliche Formen an. Diese reichen von Mr. und Mrs. Humphrey Turnbull, die in der schönsten Zeit des Jahres mit Miss Aminta Turnbull in der Pont Street 157 (Telefon Sloane 0673) Quartier beziehen, »um die Saison mitzuerleben«, bis hinunter zu Mrs. Godden, die, nachdem sie die Schweine mit Kartoffelschalen gefüttert hat, zum Whistturnier in die Dorfschenke eilt. Das Eigenartigste an all diesen Unternehmungen ist, daß ihre Teilnehmer sie mit großen Erwartungen beginnen – als müßte jeden Augenblick etwas wirklich Aufregendes geschehen. Vom Standpunkt der Turnbulls aus mag dieser Optimismus ja noch durchaus gerechtfertigt sein: Aminta könnte einen geeigneten jungen Mann kennenlernen, der um ihre Hand anhält; ein neuer Hausstand würde gegründet, und der bewährte Kreislauf begänne wieder von vorn. Dies ließe sich allerdings nur von besorgten Ehepaaren mit heiratsfähigen Töchtern sagen – nicht jedoch von denen, die jahraus, jahrein dieselbe Routine durchlaufen. Wäre die Angewohnheit der Heuchelei ihnen nicht seit frühester Kindheit so gründlich eingebläut worden, sie würden wahrscheinlich zugeben, daß der vorherrschende Eindruck aus Langeweile und Monotonie bestand. Mit der Konversation ist es etwas anderes, ebenso mit dem Wiedersehen guter Freunde. Doch was für eine Konversation kann man schon auf einer Party führen? Und wer würde sich mit seinen Freunden nicht lieber woanders treffen?

Es bleibt die Tatsache, daß der Mensch von Natur aus gesellig ist. Wahrscheinlich ist uns gar nicht bewußt, in welchem Maße die meisten von uns abhängig vom Kontakt mit ihren Mitmenschen sind; wir merken es nicht, bis wir ganz konkret über die Trennungen nachdenken, die ein zurückgezogenes Leben in Qaleh Madrasseh mit sich brächte.

Eigentlich sind wir sehr selten allein. Auch wenn wir die lauten Partys meiden, sind wir doch mit einer kleinen Gruppe vertrauter Menschen in ständigem Kontakt, so daß es schwierig ist, ihre Vorstellungen von unseren zu unterscheiden. Ja, wir sind wirklich selten allein. Wir sind ein buntes Flickwerk. Dem Druck anderer Meinungen halten unsere eigenen Gedanken oft nicht stand. Und selbst wenn wir schweigsam sind, bleibt das gedruckte Wort, um unsere Isolation zu durchbrechen.

Aber wie wäre das in Qaleh Madrasseh?

Welchen Luxus, welche Erleichterungen würde man sich dort gönnen? Einmal im Jahr ein Stapel Post, einschließlich einer aktuellen Ausgabe der *Times*? Der Zeitschriftenhändler würde unsere Anweisungen befolgen, aber die Freunde, würden sie uns schreiben? Im ersten Jahr sicherlich, vielleicht sogar im zweiten, aber danach? Man würde, fürchte ich, bald so unwirklich werden, so weit entfernt wie eine ferne Katastrophe sein, von der man in der Zeitung liest – ja, das eigene Bild würde bald kaum mehr Besorgnis erregen als ein Erdbeben in Japan. Ein flüchtiger Reiz, ein Anflug von Ungeduld angesichts solch extravaganter Exzentrizität – es wäre zwecklos, auf mehr zu hoffen. Auch für die Freunde, die die besten Vorsätze haben, wäre es schwierig, nur einmal im Jahr zu schreiben. Es ist einfacher, jeden Tag einen Brief zu verfassen, denn bei einem jährlichen Brief hätte der Schreiber unweigerlich – wenn auch irrtümlicherweise – das Gefühl, nur dramatische Neuigkeiten seien es wert, zu Papier gebracht zu werden. Die Kraft der Phantasie wäre rasch geschwunden; und von keinem Briefempfänger könnte man erwarten, daß er das Herannahen des bestimmten Tages – sagen wir, des 23. Septembers – Jahr für Jahr erahnen oder sich die Ankunft des Boten mit dem Postsack bildlich vorstellen kann. Außerdem würde der Bote wahrscheinlich sowieso zu spät ankommen: der Postwagen könnte auf dem Weg nach Isfahan steckengeblieben, sein Maultier auf dem Weg durch die Berge lahm geworden und er selbst mit Fieber zusammengebrochen sein. Eine ganze Woche, ja zwei Wochen nach dem vereinbarten Termin würde man jeden Tag zur Straße hinunterlaufen, die Augen mit der Hand beschatten und nach dem Boten Ausschau halten – vergebens.

23. September. Es wäre heiß im Bakhtiari-Gebirge. Die Nomaden wären noch in Chahar Mahal. Die langen, leeren Sommermonate hätten sich mühsam hingeschleppt, und die Straße wäre immer leer gewesen, so daß eine Gestalt, die man plötzlich in der Ferne erblickte, niemand anders hätte sein können als der ersehnte Bote. Heimweh, in den elf ereignislosen Monaten des Jahres erfolgreich bekämpft, würde sich breitmachen, sein heißer Atem würde die Savannen des Seelenfriedens verbrennen und vernichten. Schließlich, mit großer Verspätung, würde der Bote doch noch eintreffen... Laßt uns die Sache nicht weiter verfolgen! Es ist zu schmerzhaft, darüber nachzudenken. Jeder mag die Geschichte für sich fortführen, wie er will.

Ein Radio könnte man mitnehmen, ein erstklassiges Gerät, mit dem man Sendungen aus London empfangen könnte. Ich erinnere mich an einen Engländer, der dazu verdammt war, in einer kleinen, von Malaria heimgesuchten Stadt in Persien zu leben. Er hat mir erzählt, er habe ein solches Gerät ergattern können und würde sich mit einem anderen Engländer, dem einzigen in der Stadt, regelmäßig treffen, um den Schlägen von Big Ben zu lauschen. Um ein Uhr morgens kauerten sie vor diesem Gerät und hörten zu, wie Big Ben zehn Uhr schlug. Sie waren beide typische, wortkarge Engländer und lauschten schweigend den Schlägen der Uhr, doch Tränen liefen ihnen dabei über die Wangen. Ich stelle mir vor, man würde allein in Qaleh Madrasseh sitzen und – vielleicht so, wie die Toten uns zuhören – den Klängen aus London lauschen. Es wäre wohl die eigene Kindheit und Jugend, die man auf diese Weise wachzurufen suchte. Die modernen Zeiten würden uns viel weniger reizen; das allzu offensichtliche Heimweh und die Sinnesfreudigkeit der Synkopen würden uns unberührt lassen. Nur das ewig Erhabene oder die gefühlsbetonten Erinnerungen an entschwundene Jahre würden die Saiten des Herzens zum Schwingen bringen. Beethovens Symphonien und die »Ode an den Westwind«; »Daisy, Daisy« und »Bicycle made for Two«. Ich glaube nicht, daß es einen Mittelweg gäbe. Und auch dies wäre nur ein Teil des unaufhörlichen Versuchs zu fliehen – genauso wie das freiwillige Exil in Qaleh Madrasseh.

Vielleicht wäre es besser, konsequent zu sein und sich ganz von der Außenwelt abzuschließen. Eine rein negative Form des Protests, fürchte ich, gegen Umstände, die einem nicht gefallen; denn reine Ablehnung ist hohl, so lange man keine Alternative zu bieten hat. Flucht ist keine Alternative, ist immer nur eine persönliche Lösung. Doch als persönliches Experiment bietet es dem Wißbegierigen sicherlich interessanten Stoff zum Nachdenken.

Tatsächlich erzählt man sich die Geschichte eines Engländers, der sich zu Beginn des letzten Jahrhunderts bei den Bakhtiari niederließ, eine Frau nahm und viele Jahre lang unter dem Namen Derwisch Ali bei den Nomaden lebte. Doch »im Laufe der Zeit wurde er des primitiven Lebens und seiner Bakhtiari-Frau überdrüssig, tauschte sie gegen einen Esel ein, ritt damit nach Trabezunt, verkaufte das Tier für ein paar Schillinge weiter und fuhr mit dem Schiff zurück in sein Heimatland.«* Diese Geschichte mag amüsant sein, führt uns jedoch auch nicht weiter – allenfalls kann sie als Beweis dafür dienen, daß die Sehnsucht nach Flucht, wenn sie einmal ausgelebt wird, durch die Sehnsucht nach Wiederkehr abgelöst wird.

16

Beim Durchsehen dieser Seiten fiel mir voller Entsetzen auf, daß ich ein völlig falsches Bild vom Bakhtiari-Gebirge gegeben habe. Ohne es zu wollen, habe ich es als vollgebaut und dicht bevölkert beschrieben; ich habe Dörfer erwähnt, einen berittenen Kaufmann, einen pflügenden Bauern, den Sohn des Il-Khani, den Wirt eines *chai-khaneh*. All dies zusammengenommen, muß ich, wie ich befürchte, einen Eindruck vermittelt haben, der sich von einer Wanderung durch Europa, wo selten mehr als ein paar kümmerliche Meilen zwischen einem Mahnmal

* Anmerkung der Autorin: Diese Geschichte wird von Lady Sheil in ihrem Buch *Glimpses of Life and Manners in Persia* wiedergegeben. Sie zitiert dort aus dem Tagebuch des Derwisch Ali. Ob das Tagebuch wohl noch existiert?

der Zivilisation und dem nächsten liegen, nicht allzu stark unterscheidet. Nichts wäre weiter von der Wahrheit entfernt. Durch die Verwendung des Wortes »Dorf« habe ich, gemessen an europäischen Maßstäben, wahrscheinlich Bilder von Siedlungen wachgerufen, die viel größer, geordneter und fester umrissen sind, als dies bei den paar armseligen Hütten von Naghan oder Do-Pulan der Fall ist. Und was den Pfad angeht, so führte er meilenweit durch unberührte Landschaft, in der noch nicht einmal eine Lehmhütte zu sehen war. Der Kaufmann und der Bauer mit seinem Pflug waren so vereinzelte, außergewöhnliche Gestalten, daß ich mich in meiner Beschreibung gierig auf sie stürzte, um überhaupt etwas Menschliches beschreiben zu können. Sie waren – ich möchte es noch einmal betonen – vereinzelte Beispiele, und als solche machten sie auf uns einen Eindruck, wie sie es in den dicht bevölkerten Landstrichen, an die wir Europäer gewöhnt sind, niemals getan hätten. Nein, der vorherrschende Eindruck war der einer grenzenlosen Einsamkeit. Freilich, wir reisten auf der Straße, wir trafen gelegentlich auf Reisende und trafen die wandernden Nomaden, doch wir wußten, daß zu unserer Rechten und zu unserer Linken völlige Einsamkeit herrschte – die Einsamkeit der Natur, die uns so unwillkürlich, unerklärlich anzieht und in ihrem Bann hält, und zwar jeden von uns, so kultiviert wir auch immer sein mögen. Zwei Eindrücke traten deutlich hervor: die Einsamkeit und der Anachronismus. Wir hatten uns nicht nur räumlich weit von zu Hause entfernt, wir waren auch in der Zeit zurückgegangen. Wir waren ins Altertum zurückgekehrt. Wir reisten, wie unsere Vorfahren gereist waren – nicht wie jene unmittelbaren Vorfahren, die in ihren Kutschen von London nach Bath oder von Genua nach Rom fuhren, sondern so, wie

Marco Polo gereist oder Ovid ins Exil gegangen war, oder wie die Zehntausend, die dem Meer entgegenzogen. Wir lernten viel über die Vergangenheit – und wie die Welt war, als sie noch leer war. Die Zeit war stehengeblieben, die Werte umgewertet – ein Luxus, den heutzutage jeder genießen kann, der in die entsprechenden Regionen Asiens reist. Mehr noch. Wir wußten, wenn wir uns nicht entschlossen hätten, die Bakhtiari-Straße in dieser Jahreszeit zu bereisen, dann hätten wir noch nicht einmal die Nomaden gesehen, sondern die Berge ganz für uns allein gehabt: exzentrische Eindringlinge in eine majestätische Verlassenheit. Kein Kaufmann wäre unter den Bäumen an uns vorbeigeritten, kein Bauer hätte hinter seinem Pflug gestöhnt. Wir hätten den Paß oberhalb von Deh Diz erklommen und nicht nur den einsamen Kamm des Kuh-i-Mangascht gesehen, sondern gewußt, daß in dem langgestreckten Tal kein menschliches Wesen atmete. Die Menschen, die wir trafen, waren nur vorübergehend dort, waren Reisende wie wir. Das einzig Bleibende waren die Berge und die Flüsse, die sich zu ihren Füßen schlängelten.

17

Am nächsten Tag waren wir wieder mitten unter den Nomaden. Wir ritten das lange, bewaldete Tal von Cheshmeh Khatun hinauf, wurden jedoch durch die uns entgegenströmenden Menschen und Tiere immer wieder aufgehalten, denn der Weg war äußerst schmal. Das Tal von Cheshmeh Khatun (»Frauenquell«) war schattig und schön, hatte aber auch etwas Beklemmendes an sich. Ich habe bisher wenig über die gewalttätigen, unheimlichen Seiten der Bakhtiari-Straße geschrieben. Eine Blutlache am Wegesrand war kein ungewöhnlicher Anblick – und meist war es unmöglich festzustellen, ob dort jemand geboren oder getötet worden war. Geburt und Tod rückten rasch in die gleiche Perspektive; es waren bloße Ereignisse, das eine am Anfang, das andere am Ende ein und derselben Reise. Und es war eigenartig, festzustellen, wie schnell der Kontakt mit diesem auf seine elementarsten Formen beschränkten Leben die Empfindsamkeiten der Zivilisation verdrängte. Wir gewöhnten uns so rasch an das Blut auf unserem Weg, daß wir bald gar keine Notiz mehr davon nahmen, und selbst die Geier, die über irgendeiner ekelerregenden Mahlzeit kreisten und bald darauf gierig darüber herfielen, riefen in uns kein Interesse mehr wach. Dennoch erschaudere ich immer noch vor Entsetzen und Mitleid, wenn ich an das kleine Kind denke, das uns im Tal von Cheshmeh Khatun entgegenkam. Es schaukelte vor seiner Mutter auf einem Pony; der Kopf war aufgeschlagen, doch nicht verbunden, seine Zähne klapperten, und es gab ein ängstliches, schluchzendes Wimmern von sich – ein menschliches Häufchen Elend.

Wo immer wir auch haltmachten, kamen die Kranken vertrauenswoll auf uns zu, und bald empfanden wir tiefe Scham über unsere Unwissenheit. Schwindsucht, Augenentzündungen und Syphilis waren weit verbreitet, und obgleich uns in den meisten Fällen klar war, daß wir nicht helfen konnten, trauten wir uns nicht, es auch zuzugeben, sondern verteilten Verbandszeug, Salben und Tabletten, von denen wir zumindest wußten, daß sie keinen Schaden anrichten konnten. Vielleicht hatte ja die bloße Vorstellung, daß es ein Heilmittel für sie gab, und das feierliche Brimborium, mit dem wir die Medizin verteilten – bei der es sich um nichts anderes als ein Quentchen Permanganat oder Pottasche handelte –, eine heilsame Wirkung auf diese einfachen Gemüter. »Ihr wißt doch, daß ihr jederzeit ins Krankenhaus der Ölgesellschaft gehen könnt«, sagten wir manchmal. »Dort würdet ihr eine richtige Behandlung bekommen.« Doch sie schüttelten nur traurig die Köpfe. Die Behandlung im Krankenhaus war gut, das wußten sie, und sie war kostenlos, doch »Edareh«, die große anglo-persische Ölgesellschaft, befand sich in Masjid-i-Sulaiman, mehrere Tagesreisen entfernt. Also nahmen sie ehrfürchtig unsere kleinen Gaben entgegen, so wie wir vielleicht den Ring eines Zauberers entgegengenommen hätten, trugen sie in der hohlen Hand fort wie kostbare Schätze – und ließen uns mit dem bedrückenden Wissen zurück, daß wir ihnen keinen unfehlbaren Talisman gegeben hatten.

Auf unserem Weg hinauf durchs Tal von Cheshmeh Khatun trafen wir auch ein wunderschönes Mädchen. In leuchtende Farben gekleidet, führte es sein Pferd durch den Fluß. Es war ein herrliches Bild, wild und schön, das Mädchen und sein Pferd zwischen den Felsen, das Wasser umspülte ihre Füße, und durch die überhängenden Blätter der Bäume fielen helle Sonnenstrahlen. Ich holte schnell meine Kamera aus der Satteltasche und hielt sie in ihre Richtung. Ob die junge Frau noch nie eine Kamera gesehen hatte und sie für eine Waffe hielt oder ein Zeichen des bösen Blicks, weiß ich bis heute nicht zu sagen; jedenfalls stieß sie einen markerschütternden Schrei aus, ließ die Zügel fahren und flüchtete so schnell sie konnte den Pfad hinauf, den sie gerade erst heruntergekommen war. Ihre Stammesgenossen versuchten, sie aufzuhalten und traten ihr in den Weg, doch in ihrer Panik schob sie sie zur Seite und sprang – trotz der umfangreichen Kleider, die sie behinderten – mit der Behendigkeit einer Gazelle die Felsen hinauf. Schließlich blieb sie, hoch über dem steilen Ufer, stehen, klammerte sich an einen Felsen und schaute schreckerfüllt zu uns herunter. Ihre Stammesgenossen schütteten sich aus vor Lachen, und wir versuchten, sie mit Entschuldigungen zu besänftigen. Hätte sie gewußt, wie hinreißend sie aussah in ihren bunten Gewändern, jederzeit zur weiteren Flucht bereit, die großen, dunklen Augen schreckhaft aufgerissen, ängstlich an den Fels geklammert – sie wäre nicht böse gewesen, wenn ich einen ganzen Film verknipst hätte. Unter den gegebenen Umständen jedoch gab ich es auf und steckte die Kamera demonstrativ zurück in die Satteltasche. Als wir ein Stück weiter talabwärts geritten waren und uns noch einmal umschauten, sahen wir, daß sie noch immer nicht vom Felsen heruntergeklettert war.

Hier im Tal war der Weg – wie auch schon an manch anderen Stellen – teilweise gepflastert, verwandelte sich dann aber wieder in einen reinen Trampelpfad, der sich zwischen den Felsen hindurchschlängelte, um schließlich in breiten, flachen Stufen aus behauenem Stein fünfzig oder hundert Meter weit bergan zu führen. Die Maultiere nahmen die Stufen dankbar hin, und uns wurde schlagartig klar, daß ihre Hufe über keine geringere Straße klapperten als die berühmte Jeddai Atabeg – jene große Pulsader, die zur Zeit der Sassaniden aus den Ebenen Susianas hinauf nach Persepolis führte. Plötzlich wurde die Ärmlichkeit der Nomaden von der Macht jener großen Namen überschattet. Die ausgetretenen, oft unterbrochenen, gepflasterten Reste bargen noch immer die gefährliche, rohe Energie, die eine Straße in den Bergen überhaupt erst möglich macht. Welche Hände hatten dieses Pflaster gelegt?

Die Luren schrieben die Straße den Atabegs zu, den früheren Herrschern Luristans. Layard hingegen führt sie auf die Zeit der Kadscharen-Könige zurück. Lord Curzon gar auf die sassanidische oder achaimenidische Zeit. De Bode, der seinerzeit von Malamir nach Qaleh Madrasseh geritten ist, versucht, die Jeddai Atabeg mit der Climax Megale oder »Großen Leiter« gleichzusetzen, die Alexanders Soldaten in den Bergen entdeckten, und zitiert Diodorus Siculus und Plinius, um seinen Standpunkt zu belegen: »In einer Provinz im Inneren des Landes«, schrieb Plinius, »nach Media hin, liegt ein Ort, der unter einem griechischen Namen bekannt ist, Climax Megale. Nur unter Schwierigkeiten kann man zu ihm aufsteigen, über Stufen geht man einen steilen Berg hinauf, der zu einem schmalen Durchbruch führt, von wo aus man Persepolis, die Hauptstadt des von Alexander zerstörten Königreichs, erreichen kann.«

Ob de Bode nun mit seiner Behauptung recht hat oder nicht – ich glaube, es wird allgemein angenommen, daß er sich irrte –, war für mich, die ich keine Altertumsforscherin bin, unbedeutend. Viel wichtiger waren für mich die Stufen selbst, das Zeugnis vom Überleben einer großen Zivilisation, die sich einst bis in die Berge Luristans erstreckte. Damals muß es einen regen Verkehr zwischen Susa und Persepolis gegeben haben. Ein Bergkamm trennt die beiden Städte? Kein Problem. Laßt uns eine Straße bauen, die über die Berge führt! Diese Straße wurde von Menschen gebaut, die sich wahrscheinlich sowohl in ihrer äußeren Erscheinung als auch in ihrer Wesensart wenig von den Menschen unterschieden, die uns jetzt in diesem scheinbar endlosen Strom entgegenzogen. Doch unter ihnen weilten die schrecklichen Geister von Schapur und Ardaschir, Dareios und Alexander.

Am Ende des Tales, hinter dem Sarrak-Paß, kamen wir plötzlich auf eine weite Ebene. Hier begegneten wir wieder dem Persien, wie wir es kannten und das ganz anders war als das Bakhtiari-Land; es hatte seinen eigenen Charakter. Fern der Wälder, fern der Berge, den engen Tälern jäh entflohen, hatten wir das Gefühl, wieder freiere Luft atmen zu können. Denn zum ersten Mal, seitdem wir Schalamzar verlassen hatten, betraten unsere Füße wieder ebenes Gelände. Die Erleichterung war größer, als ich es vermutet hatte. Mir wurde klar, mit welcher Sehnsucht ich an glatte, ebene Flächen gedacht hatte – an einen langen Bahnsteig etwa oder die Londoner Bürgersteige –, während meine Muskeln unter der fortwährenden Mühe litten, Berge entweder hinauf- oder hinabzusteigen und über einen felsigen Boden klettern zu müssen, bei dem man sich jederzeit den Knöchel verstauchen kann. Mir wurde klar, wie bereitwillig ich meine Seele für eine glatte Betonpiste verkauft hätte – wie der Reisende, der sich in der Wüste verlaufen hat und für ein Glas frisches Wasser alles geben würde. Auf der Ebene weideten zahlreiche Tiere, überall blühten kleine, mauvefarbene Irisstauden. Ein Marsch von einigen Meilen in dieser frischen, klaren Luft führte uns an den Rand der Hochebene, von der aus wir auf die weite, herrliche Ebene von Malamir hinunterschauen konnten. Dort sammeln sich die Chahar Lang-Nomaden, ehe sie sich auf den Weg über die Berge machen. Verstreut inmitten der zahlreichen Herden, standen ihre schwarzen Zelte; dazwischen glänzte die runde Kuppel eines Heiligtums weiß in der Sonne.

Nach einem langen, im Zickzack verlaufenden Abstieg erreichten wir schließlich die untere Ebene. Dort war es sehr grün und warm. Es wuchs Getreide, und Kamele grasten auf den Weideflächen. Seit unserer Abreise aus

Schalamzar hatten wir kein Kamel gesehen, und so ließen wir uns vom Anblick der Kamelfohlen, die wie Spinnen auf den langen, leicht gespreizten Beinen balancierten, zu der Annahme verleiten, wir hätten das Land der Bakhtiari ein für allemal verlassen und könnten uns nun auf flaches Land freuen, von Ebene zu Ebene ziehen, wie wir es von unseren früheren Reisen durch Persien gewöhnt waren. Wir schauten zurück auf die schneebedeckten Berge, konnten kaum glauben, daß wir sie überquert hatten, und gingen weiter. Die Maultiere schritten ruhig und zufrieden über das kurze Gras.

Doch es war nicht nur das wohlvertraute Persien, das wir oberhalb der Ebene von Malamir erblickten. In großer Ferne, jenseits einer Hügelkette, stieg eine dunkle Rauchsäule steil in den Himmel. Taha zügelte sein Pferd, streckte die Hand aus und zeigte auf die Rauchsäule wie die Israeliten auf das Gelobte Land. »Edareh! Edareh!« rief er mit fast religiöser Inbrunst. Edareh – die Ölgesellschaft – der Rauch der Erdölfelder – Zivilisation. Eine Welle des Bedauerns überschwemmte mich. Ich vergaß die Anstrengungen unserer mühsamen Reise. Ich wäre am liebsten umgekehrt, wäre wieder eingetaucht ins Gebirge und für immer darin verschwunden.

Das Dorf Malamir lag auf der anderen Seite der Ebene, eine armselige Ansammlung von Lehmhäusern mit Dächern aus Flechtwerk, Ziegen und Hunden, die auf der Hauptstraße lagen und sich sonnten. Hier hielten wir an, um eine Schüssel *mast* zu essen, und hier erlebte ich auch mein zweites fotografisches Mißgeschick. Ich hatte wirklich Pech – zweimal an einem Tag! Denn normalerweise macht es den Persern Spaß, fotografiert zu werden, und sie versammeln sich eifrig, oft fast schon *zu* eifrig, um die Kamera.

Ich traf den Derwisch am Ende der Straße. Harold Nicolson und ich waren allein, der Rest der Karawane war schon vorausgezogen. Es war ein besonders stattlicher Derwisch. Er war in ein weites, saphirblaues Gewand gekleidet, seine schweren, schwarzen Locken fielen ihm bis auf die Schultern, und er ritt ohne Sattel auf einem jungen, kastanienbraunen Hengst. Hinter ihm erhob sich das Gebirge wie ein graues Amphitheater – kurz, er stellte eine außerordentlich elegante Erscheinung dar. Ich dachte an das schreckhafte Mädchen im Tal, sprach ihn an und fragte ihn höflich, ob ich ihn fotografieren dürfte. Er war erfreut. Er zügelte sein Pferd, nahm eine aufrechte Haltung an und ordnete sorgsam die Falten seines blauen Gewandes. Unterdessen stellte ich die Kamera auf den Boden und schritt die Entfernung ab, um die Bildschärfe richtig einstellen zu können. Dazu macht man, wie alle Fotografen wissen, große, etwa einen Meter lange Schritte. Der Derwisch hatte sich bereits in Positur gesetzt und strich sich die Haare glatt, als ich näher auf ihn zu kam, doch sein Pferd war offenbar durch die großen, energischen Schritte nervös geworden. Plötzlich bekam es der junge Hengst mit der Angst zu tun, und mit einem gewaltigen Satz warf er seinen Reiter aus dem Sattel, verfiel schnaubend in einen rasenden Galopp und stob in einer Staubwolke auf und davon.

Der Derwisch krümmte sich auf dem Boden, sein Turban lag neben ihm im Staub, und sein schönes, blaues Gewand war ganz zerknittert. Er war schon etwas älter, und da es ein ziemlich heftiger Sturz gewesen war, eilten wir besorgt zu ihm. Wir hatten nicht nur Angst, daß er sich sämtliche Knochen gebrochen hatte, sondern daß die Dorfbewohner uns auf der Stelle lynchen könnten. Besonders Harold Nicolson, der hartnäckig die bewiesenermaßen irrige Ansicht vertrat, die Perser würden sich grundsätzlich nur ungern fotografieren lassen, triumphierte angesichts der Gefahr, dank meiner Starrköpfigkeit in Stücke gerissen zu werden. Die Perser sind jedoch ein humorvolles Volk, die über einen Mann, der vom Pferd geworfen wird, ebenso herzlich lachen können wie alle anderen Menschen. Überdies neigen die Bakhtiari dazu, einen Mann danach zu beurteilen, wie er mit Pferden umzugehen versteht. Anstatt sich also von den Ausländern beleidigt zu fühlen, die einen heiligen Mann auf diese Weise erniedrigt hatten, brachen sie in höhnisches Gelächter aus und verspotteten den Derwisch, der sich von seinem Pferd hatte abwerfen lassen. Einige von ihnen machten sich daran, den Hengst wieder einzufangen, der jetzt nur noch als kleiner Fleck über die Ebene raste; andere standen dem Derwisch bei, der seine Geistesgegenwart unter Beweis stellte, indem er Schadenersatz für drei gebrochene Finger verlangte. Der Preis schien uns niedrig zu sein. Harold Nicolson, erleichtert, so glimpflich davonzukommen, zog eine Handvoll *kran* und *shai* aus der Hosentasche, die zusammen einen *toman* ergaben – vier Schilling. Das Geld wurde von den freundlichen Dorfbewohnern in Gewahrsam genommen, die uns grinsend versicherten, der Derwisch habe nur einen Schock erlitten; und während die saphirblaue Gestalt sich noch im Staub wälzte, zogen wir weiter zum fernen Karawanserail.

Zum ersten Mal seit Beginn unserer Reise befreit von der lästigen Dienstbeflissenheit von Taha und Hossein, wanderten wir über die Ebene, und Harold Nicolson hielt mir einen leidenschaftlichen Vortrag über die Unverfrorenheit mancher Reisender, die die Vorurteile der Eingeborenen in ihrem eigenen Land mißachteten. Beschämt über den Vorfall mit dem Derwisch, enthielt ich mich des Arguments, daß es nicht der heilige Mann, sondern sein Pferd gewesen war, das offenbar nicht hatte fotografiert werden wollen. Einige Bakhtiari, die uns im Galopp entgegenkamen, beendeten unseren Streit, und in erneuerter Eintracht wanderten wir weiter – wie es an diesem herrlichen, warmen Abend, der jetzt herandämmerte, eigentlich auch gar nicht anders möglich war. Auch in Persien hatte ich selten zuvor einen schöneren Sonnenuntergang gesehen. Die großen, grauen Klippen mit ihren deutlich erkennbaren felsigen Schichten erglühten rosa und lavendelfarben, ihre Klüfte bildeten tiefe, blaue Schatten. Eine heitere Größe schien die Welt zu durchdringen, ein alles umfassender Frieden.

18

Am nächsten Morgen entstand zwischen uns und unseren Maultiertreibern eine Meinungsverschiedenheit. Angeregt von den Aufzeichnungen anderer Reisender, hatten wir uns entschlossen, an einen Ort namens Murdafil weiterzuziehen. Die Maultiertreiber jedoch bestritten die Existenz eines solchen Ortes und erklärten uns außerdem noch, daß wir nur in Agha Mihrab, dem Ort, den sie ansteuern wollten, Wasser finden würden. Gladwyn Jebb, der die Reise mit gelassener und überheblicher Tüchtigkeit absolvierte, wollte von ihren Argumenten nichts wissen. Wir hatten beschlossen, nach Murdafil zu gehen, also gingen wir auch nach Murdafil. Der Weg führte uns am heißen Morgen durch hügeliges Land, wo die Vegetation viel reicher und interessanter war als im Gebirge.

Knabenkraut, Schwertlilien, Anemonen, Borretsch, Winden, Milchstern und Gladiolen gediehen in großem Überfluß; auf einem Abhang fand ich zu meiner Freude die kleine, scharlachrote Tulpe, nach der ich in anderen Gegenden Persiens vergeblich gesucht hatte. Da stand sie, blutrot in der Sonne. Ich nahm die Zwiebeln und steckte die Blumen in das Zaumzeug meiner geduldigen »Mouse«.

Als das Ende unseres Tagesmarsches näherrückte und wir uns fragten, ob wir Murdafil wirklich finden würden oder an einem Ort ohne Wasser unser Lager aufschlagen und unsere Niederlage eingestehen mußten, kamen wir in ein sanftes Tal mit einem von Oleander und Pampasgras überwachsenen Fluß. Der Charakter der Landschaft hatte sich nun völlig verändert, und nichts zeigte dies so deutlich wie die üppige, grüne Vegetation. Nach all der kargen Dürre, die wir bisher mit Persien verbunden hatten, überkam uns fast das Gefühl, plötzlich in die Tropen versetzt worden zu sein. Oberhalb des Flusses und ganz in seiner Nähe fanden wir die Ruinen eines kleinen Gebäudes und entschlossen uns, für die Nacht dort Rast zu machen. Ja, sagten die Maultiertreiber selbstgefällig, dies sei Agha Mihrab, der Lagerplatz, den sie uns empfohlen hätten. So würdevoll wie möglich gaben wir den Gedanken an Murdafil auf, obgleich wir sicher waren, daß sie uns absichtlich in die Irre geführt hatten. Allerdings bot der Lagerplatz keinerlei Anlaß für Beschwerden: die Ruinen standen auf einer kleinen, natürlichen Terrasse, in deren Mitte einmal ein Garten angelegt worden war, denn einige alte, unbeschnittene Rosenbüsche wucherten dort, und in einer Senke wuchs ein dunkler Myrtenstrauch. Während die Diener mit dem Auspacken begannen, gingen wir noch ein wenig spazieren. In der Nähe eines imposanten Wasserfalls, der über eine hohe Felswand fiel, trafen wir einen Ziegenhirten, der auf seiner kleinen Flöte spielte. Wie heißt das zerstörte Karawanserail, an dem wir etwas weiter unten vorbeigekommen sind? fragten wir ihn und bekamen eine prompte Antwort: Murdafil. Wir waren eher amüsiert als verärgert über dieses typische Beispiel für die Logik des persischen Geistes. Die Maultiertreiber mußten gewußt haben, daß wir ihre Lüge entlarven, daß wir früher oder später herausfinden würden, daß es einen Ort namens Murdafil tatsächlich gab und daß er mit unserem Lagerplatz identisch war. Als wir sie jedoch mit der Wahrheit konfrontierten, blieben ihre Gesichter ausdruckslos, und sie zuckten gleichgültig mit den Schultern.

Es war sehr warm und friedlich in Agha Mihrab. Ich erinnere mich gern und dankbar an diesen Ort, es ist eine Erinnerung, die durch nichts mehr ausgelöscht werden kann. Die schrille Melodie der Hirtenflöte überstieg das Rauschen des Wasserfalls und verschmolz mit den anderen Geräuschen der Nacht: dem Knacken eines brennenden Zweigs, dem Bimmeln der Maultierglocken, dem Quaken der unzähligen Frösche unten am Fluß. Wir saßen schweigend am Feuer und rauchten, während die Venus langsam über den Himmel wanderte und hinter den Bergen verschwand. Wäre ich den Hügel hinaufgestiegen, hätte ich die Venus in der Pracht dieser klaren, schwarzen Nacht noch ein wenig länger betrachten können. Aber ich war zu müde. Lieber wollte ich den Tag ruhig ausklingen lassen, während die Venus sanft verlosch; lieber wollte ich den Tag mit der Melodie der Flöte verhallen lassen, während unten im Tal die roten Feuer brannten und die Nomaden sich zum Schlafen in ihre Decken hüllten.

19

... Und zuerst laß uns zusehen, was für eine Lebensweise die Menschen bei diesem Stande ihrer Einrichtungen einhalten werden. Nicht wahr, ihre Arbeit wird doch darin bestehen, daß sie Getreide und Wein bauen und Kleidung und Schuhe herstellen und Häuser bauen, wobei sie im Sommer meistens unbekleidet und barfuß sein werden, im Winter aber ausreichend bekleidet und beschuht? Nähren aber werden sie sich in der Weise, daß sie aus Gerste Graupen bereiten und aus Weizen Mehl, und teils es knetend teils es backend werden sie treffliche Kuchen und Brote auf Röhricht oder reinlichen Blättern auftischen, und gelagert auf einer Streu von Zaunreben und Myrten, werden sie mit ihren Kindern schmausen und Wein dazu trinken, mit Kränzen geschmückt und Lieder singend zum Preise der Götter, die Freuden der Liebe genießend, aber nicht mehr Kinder erzeugend als es für ihren Besitz zuträglich ist, aus Furcht vor Armut und Krieg... Und so werden sie ein friedliches Dasein führen bei voller Gesundheit, wie zu erwarten, und in hohem Alter sterben und ein ebensolches Leben ihren Nachkommen hinterlassen.

Glaukon. Wenn du, mein Sokrates, eine Stadt von Schweinen anlegtest, womit sonst würdest du sie denn füttern als damit?

Morgen sollte also tatsächlich der letzte Tag unserer Wanderung beginnen? Wir wußten, daß die schwarze Rauchsäule, auch wenn wir sie hier unten im Tal nicht sehen konnten, unheilvoll näherkam.

Die sanfte Ruhe von Agha Mihrab lud zur Meditation ein. Die Überquerung des Gebirges war keine alltägliche oder flüchtige Erfahrung gewesen, doch es reichte nicht, die Großartigkeit der Gipfel oder das Vorbeiziehen der Nomadenstämme zu beschreiben. Was war noch dabei herausgekommen?

Ich dachte an Persien; doch nicht an die Naturschönheiten des Landes, sondern an Persien als idealen Staat, an die Möglichkeiten, über die ein weiser, idealistischer Diktator verfügen würde. Sollte es diesem ausgedehnten, majestätischen, unterbevölkerten Land nicht möglich sein, sich aus den Nöten der Welt herauszuhalten, um unabhängig sich einzig und allein um das Wohlergehen des eigenen Volkes zu kümmern? Das wäre in der Tat ein neues Unternehmen in der Kunst zu regieren, ein kühnes, revolutionäres Programm, das, wie alle Neuerungen, seinem Urheber die bittersten Spötteleien und Vorwürfe einbringen würde. »Ein reaktionärer Schah«, so würden die Schlagzeilen lauten. Für eine solche Aufgabe brauchte man wohl ein Triumvirat aus Christus, Napoleon und Florence Nightingale. Aber ist die Idee wirklich so utopisch? Zunächst einmal wäre es nötig, alle unsere Vorstellungen auf den Kopf zu stellen und sich von einem Prinzip zu trennen, das außerordentlichen Reichtum, verwickelte Politik und größtmögliche Mobilität als unabdingbar für das menschliche Glück voraussetzt, und an die Stelle dieser drei Irrtümer das Streben nach Gesundheit, Genügsamkeit und Sicherheit zu setzen.

Von seiner Geographie her gesehen erscheint Persien für eine Politik der Isolation nicht schlecht geeignet. Gegenwärtig gibt es keine Eisenbahnen, der Verkehr muß ausschließlich die vorhandenen Straßen nutzen, und in den Wintermonaten, wenn die Pässe durch den Schnee unpassierbar geworden sind und niemand weiß, welche Verzögerungen oder Gefahren die Karawanen oder Autokonvois erwarten, ist das Land ohnehin zum größten Teil von der Außenwelt abgeschnitten. Dies mag zwar dem Reisenden Unannehmlichkeiten bereiten und – was schon mehr ins Gewicht fällt – den Norden des Landes mit Hunger bedrohen – im übergeordneten Maßstab macht es wenig aus, denn Persien liegt nicht auf dem Weg zu irgendeinem wichtigen Zentrum, nichts als die Dunkelheit Zentralasiens erstreckt sich hinter ihm. So wird die Frage nach den Verkehrsbedingungen zu einem rein internen Problem, und der vollständige Mangel an mechanischen Hilfsmitteln wird die Außenwelt nicht in Unruhe versetzen. Erst wenn Persien davon spricht, Eisenbahnen zu bauen, werden Rußland und Großbritannien aufhorchen.

Bleibt der Einwand, daß ich von drohenden Hungersnöten sprach. Ein Umstand, der der Frage nach den Verkehrsverbindungen doch sicherlich größere Dringlichkeit verleiht? Und wie ist es mit dem Handel bestellt?

Zuerst zum Hunger – denn es ist müßig, utopische Vorschläge zu machen, wenn man sie nicht durch praktische Vorstellungen untermauern kann. Es gibt keinen Grund dafür, daß in Persien nicht genug Getreide angebaut werden kann, um die gesamte Bevölkerung zu ernähren, wenn nur alle Städte und Dörfer inmitten ihres eigenen kultivierten Landes lägen – wie das auch jetzt schon bei vielen Orten der Fall ist. Ich zitiere eine der größten Autoritäten in diesem Streit, den früheren Finanzminister Persiens: »In den Gebieten, die bereits landwirtschaftlich genutzt werden, kann die Produktion durch einfache, praxisnahe Maßnahmen wahrscheinlich soweit gesteigert werden, daß man eine Bevölkerung versorgen könnte, die doppelt oder gar dreimal so groß wäre wie die gegenwärtige Bevölkerung unseres Landes.« Die größte Schwierigkeit stellt zur Zeit noch die mangelhafte Bewässerung dar. Doch obwohl sich zwischen den Dörfern oft tatsächlich nur trockene Steinwüsten erstrecken, ist Persien keineswegs ein wasserarmes Land: die Mehrzahl der Dörfer befindet sich in der Nähe eines Flusses, und außerdem wird das Wasser durch unterirdische Kanäle aus dem unerschöpflichen Reservoir der Gebirge herangeführt – ein Kanalisationssystem, das, würde man es zugleich vereinfachen und erweitern, jede Oase der Landwirtschaft in einen Landstrich verwandeln könnte, der dem Niltal in seiner Fruchtbarkeit in nichts nachstehen müßte. Und was die Versorgung mit Fleisch angeht, so sind die Worte »Schaf«, »Ziege« und »Rind« schon so oft in dieser Erzählung gefallen, daß ich hier nicht noch einmal ausdrücklich auf den Reichtum der Hirtenstämme hinweisen muß. In diesem Zusammenhang erinnere ich mich übrigens an den Kommentar einer Dame in London, die hinter mir saß, als wir uns einen Film anschauten, der in Südpersien gedreht worden war. Zerklüftete Berge, sonnenbeschienene Ebenen und andere Naturschönheiten majestätischen Ausmaßes waren an unseren Augen vorübergezogen, ohne ihr irgendeine Reaktion zu entlocken. Erst als sie eine Herde Schafe über die Ebene ziehen sah, murmelte sie wehmütig: »Herrliches Hammelfleisch muß es da geben...«

Und wie ist es um den Handel bestellt? Da die Hälfte des Staatseinkommens durch Zolleinnahmen aufgebracht wird, kann Persien es sich ganz gewiß nicht leisten, den Außenhandel unter den gegenwärtigen Stand abfallen zu lassen. Selbst ein idealer Staat braucht ein gut gefülltes Säckel. Mit Liebe und gutem Willen allein läßt kein Land sich regieren.

Läßt man jedoch auch hier die konventionellen und allgemein anerkannten Vorstellungen außer acht, dann gibt es eigentlich keinen Grund, ein Wachstum des Handels anzustreben. Persien kann fast alles, was das Land braucht, selbst produzieren – mit Ausnahme industriell gefertigter Güter. Es gehört zu den wenigen Ländern der Welt, die – teilweise aufgrund der Einfachheit ihrer Bedürfnisse – den Zustand der Selbstversorgung anstreben können. Diejenigen, die Persien den westlichen Standards anpassen wollen, finden, daß der Wunsch nach Fabriken und Maschinen selbstverständlich ist. Doch ein solcher Ehrgeiz bedeutet die Vernichtung dieses Idealstaates, so wie wir ihn uns vorstellen. Einverstanden, sagt der Volkswirtschaftler; doch für die Expansion der Landwirtschaft, die Sie eben vorgeschlagen haben, und für die verschiedensten Reformen, die Sie sicherlich noch vorschlagen werden, braucht man Geld und nochmals Geld. Darauf erwidere ich: Wenn die Besteuerung des Landes auf neue organisatorische Grundlagen gestellt und ehrlich kontrolliert, und wenn der Handel so weitergeführt würde wie bisher, wäre genug Geld für alle meine Reformen vorhanden.

Die Frage des Transports, die jetzt soviel Aufmerksamkeit für sich beansprucht, würde ohnehin an Bedeutung verlieren, wenn die grundlegende Idee meines Planes, die weitgehende Isolation, verwirklicht würde. Dadurch würde sich das angesprochene Problem fast vollständig auf die Frage nach der Kommunikation innerhalb des Landes beschränken, und dafür ließen sich zwei einfache Lösungen finden: ein Güterzug, der, sagen wir, zwischen Teheran und Buschir verkehrte und mit entsprechenden Abzweigungen auch Städte wie Yesd und Kirman bediente (Isfahan und Schiras ließen sich von der Hauptlinie aus versorgen), oder ein organisierter Verbund von Lastkraftwagen zur Ergänzung der Postautos, die bereits heute verkehren. So reaktionär bin ich nun auch nicht, um abzustreiten, daß sich Handelsgüter mit einem Wagen wesentlich bequemer transportieren lassen als auf dem Rücken eines Kamels, und auch die Menschen reisen auf diese Weise sehr viel angenehmer. Alles in allem plädiere ich jedoch eher für die Lastkraftwagen, denn die Eisenbahn könnte eine ganz neue, unbeabsichtigte Entwicklung nach sich ziehen, und ich will die Grundfesten meines idealen Staates nicht durch Risiken erschüttern. Zudem wären die Lastkraftwagen in der Anschaffung wie auch im Unterhalt sehr viel billiger. Ich saß in Agha Mihrab und stellte mir einen blauen, mit dem Emblem des Löwen und der Sonne geschmückten Lastkraftwagen vor, der vor den Lehmwänden von Dilijan hielt, wo wohlgenährte, saubere Dorfbewohner aus ihren Häusern kamen und ihn umringten.

Doch ehe meine Dorfbewohner Fett ansetzen und sich säubern könnten, müßten drastische Veränderungen in der persischen Verwaltung vor sich gehen. Kein Bewässerungskanal, sondern eine wahre Überschwemmung wäre vonnöten, um diesen Augiasstall durchzuspülen, und unser imaginärer Schah könnte sich glücklich schätzen, wenn er diese Aufgabe lebend überstünde. Denn er hätte halsstarrige Gegner: die Tradition, nationale Besonderheiten und – in Persien nicht zu unterschätzen – die Priesterschaft. So manches tyrannische System müßte hinweggefegt werden – die Einzelheiten möchte ich Ihnen ersparen –, und Gerechtigkeit und Integrität müßten an ihre Stelle treten. Leicht gesagt!

Lassen Sie uns jedoch einmal davon ausgehen, dies sei bereits geschehen, und wir hätten es mit einem Persien zu tun, das hinreichend wissenschaftlich kultiviert, mit den Mitteln interner Kommunikation bestens ausgestattet, vernünftig besteuert und gerecht verwaltet ist. (Lächelt ruhig, ihr Kenner Persiens!) Die Weisheit Jesu und die Entschlossenheit Napoleons hätten ihre Wirkung getan. Jetzt wäre die Stunde Florence Nightingales gekommen. Es ist müßig, das Volk mit Nahrungsgütern zu versorgen oder es in die Lage zu versetzen, ins nächste Dorf reisen zu können, solange es unter schlimmen Krankheiten leidet. Und diese Krankheiten sollten in der reinen Gebirgsluft, in einem Land ohne Industriestädte und Überbevölkerung, ohne die Möglichkeit oder Gefahr, von außen verseucht zu werden, ebenso leicht unter Kontrolle zu bringen sein wie die Tollwut in England. Ja, selbst mit der Mianawanze ließe sich vielleicht fertig werden. Zwei Übel allerdings stecken in der Wurzel des Ganzen, zwei Übel, die fast (doch nicht ganz) so schwer zu überwinden sind wie die Korruption und die Widerstände der Priesterschaft: Schmutz und Unwissenheit.

Wieder einmal erweist sich hier der Charakter einer Nation als hinderlich. Ob man es nun Ignoranz nennen will, Fatalismus oder Apathie, die Wirkung ist stets dieselbe. Es gibt eine Passage in Gertrude Bells Buch *Persian Pictures*, die ich gern zitieren möchte, um meine Auffassung zu veranschaulichen und da Mrs. Bell größere Autorität besitzt als ich: Die Cholera marschierte mit Siebenmeilenstiefeln auf Teheran zu, »doch obgleich die Krankheit schon an ihre Türen klopfte, machten die Perser keine Anstalten, sich zu verteidigen. Sie errichteten keine Krankenhäuser, entwikkelten kein System der allgemeinen Wohlfahrt. Wagenladungen mit überreifen Früchten wurden immer noch täglich in die Stadt gelassen, und die Luft war verpestet von dem Abfall, der achtlos auf die Straßen geworfen wurde und dort verrottete. ... Eine weitere Krankheit folgt der Cholera auf dem Fuße: Typhus ist das Resultat der absoluten Mißachtung aller Regeln der Hygiene. Das Bestattungssystem bei den Persern ist schlimmer, als es sich in Worten beschreiben läßt. Sie finden nichts dabei, die Leichen in einem Fluß zu waschen, der mitten durch das Dorf läuft, und auf diese Weise das gesamte Wasser zu vergiften, das allen möglichen Verrichtungen im Haushalt dient. Und wenn es darum geht, einen Friedhof anzulegen, so wählen sie ohne weiteres ein Stück Land direkt neben einem *kanat* aus, der unzählige Gärten und Trinkbrunnen versorgt.«

Es besteht kein Grund, den Wahrheitsgehalt oder die Glaubwürdigkeit dieses Berichtes anzuzweifeln oder Reisende daran zu erinnern, was sie in vielen östlichen Ländern selbst gesehen haben: die mit Fliegen übersäten Augen, die schwärenden Wunden, die brutal eingewickelten Babys, die Anzeichen von Pocken und schlimmeren Krankheiten, das Koma durch Opium ... All diese Dinge sind so alltäglich, daß man sie nach einer Weile kaum noch wahrnimmt. Doch in meinem Persien, wie ich es mir unter idealen Bedingungen vorstelle, müßten diese Mißstände, wenn es gar nicht anders geht, der Militärgerichtsbarkeit unterstellt werden. Ich bin davon überzeugt, daß die von einem Arzt oder einer ausgebildeten Krankenschwester geführte Dorfapotheke überall willkommen wäre und von der Bevölkerung nicht zurückgewiesen würde, wenn man bedenkt, wie die Bauern jeden Fremden belagern und um Heilmittel bitten – und wie sie die Anweisungen von Reisenden wie beispielsweise von Mrs. Bishop willig befolgten. (Auf diesem Gebiet liegt, wie ich glaube, möglicherweise auch eine Berufung für unsere vielen überschüssigen, unverheirateten Frauen.) Der unglückliche, persische Bauer, der meilenweit vom nächsten Krankenhaus oder Arzt entfernt lebt, ist nur allzu erpicht darauf, endlich geheilt zu werden; er weiß, es gibt für ihn sonst keine andere Hoffnung als die Kräutersalbe, die man ihm in die Nasenlöcher stopft, wenn er schon im Sterben liegt. Doch sein Glaube ist kindlich und grenzenlos; selbst für seine angeborene Blindheit wird er auf Heilung hoffen, und seine Frau wird einen unfehlbaren Liebestrank verlangen: jeder Fremde ist ein Arzt, und alle Ärzte sind allmächtig. Unter diesen Gegebenheiten, und wenn Ärzte und Krankenschwestern sich als Verbündete des Volkes verstehen, dürfte es keine allzu großen Schwierigkeiten geben.

Langsam nimmt die Sache Gestalt an: In einem isolierten, gerecht regierten Persien, lebt – soweit menschenmöglich – ein gesundes Volk. Allerdings sind die Perser jetzt immer noch unwissend. Zwar waschen sie ihre Toten nicht mehr in den Flüssen, deren Wasser kurze Zeit später ihre Trinkbecher füllt; sie schnüren ihren Nachwuchs nicht mehr in Windeln ein, die mehrere Wochen oder gar Monate alle Exkremente aufnehmen müssen; sie sehen in dem in Wasser aufgelösten Koranvers nicht mehr das beste Mittel gegen Malaria – doch ist es die Angst vor dem Gesetz, die sie davon abhält, nicht das eigene Verständnis der Welt. Sie tun, was ihnen gesagt wird – aber sie haben nicht die geringste Vorstellung, *warum* sie es tun. Es stellt sich also die kontroverse Frage der Bildung. Sollte sie in diesem idealen Staat angestrebt werden oder nicht? Ich glaube nicht.

In Europa befinden wir uns in einer völlig anderen Situation: Wir können und dürfen nicht ein System zurücknehmen, das bereits seit geraumer Zeit funktioniert; im Gegenteil, unser ganzes Streben sollte dahingehen, es weiter voranzutreiben und zu noch größerer Vollkommenheit zu bringen. In Persien hingegen gibt es zwar einige Schulen *, doch die Räder drehen sich noch nicht so schnell, daß man sie nicht durch eine bloße Berührung

* Anmerkung der Autorin: 1925 besuchten 91 190 Schüler beiderlei Geschlechts die persischen Schulen, davon 22 600 allein in Teheran.

mit der Hand zum Stillstand bringen könnte. In der Bildung sollte es keine Halbheiten geben, sie sollte entweder vollständig sein oder gar nicht stattfinden.

Es sei denn, man läßt beides zu: eine vollständige Bildung für die eine Kategorie von Menschen, gar keine für die andere. Dagegen ließen sich sofort zwei Einwände erheben: Mit der ersten Kategorie würde man nur die Reichen erfassen, mit der zweiten Kategorie nur die Armen. Und ein großes Potential an Intelligenz unter den Armen würde aus Mangel an Förderung verloren gehen. Ich gebe zu, daß ich keine Ahnung habe, wie man diesen letzten – und wichtigeren – Einwand entkräften sollte, falls man nicht Platos System der Wächter übernimmt – zwar nicht genau im Sinne Platos, denn er sprach von Soldaten, starken, flinken, tapferen Soldaten: lebhaft, doch sanft müßten sie sein, beseelt mit einer Liebe zur Philosophie –, sondern eine Art Wächter der Intelligenz, stets auf der Suche nach dem natürlichen Genie, wie es in einem persischen Dorf schwer vorzustellen ist. Es scheint mir, als müßten wir das Risiko eingehen, diejenigen, die den Boden bearbeiten, tatsächlich nur den Boden bearbeiten zu lassen, ohne sie in Spekulationen einzubeziehen, die für den halbgebildeten Geist nur gefährlich sein könnten. Ein antidemokratisches Bekenntnis, ich weiß, aber das einzig mögliche, wenn man es mit einer primitiven Gesellschaft zu tun hat. Was der Mensch nie gekannt hat, vermißt er auch nicht, und wenn wir, die Aufgeklärteren, ihnen in erster Linie praktische Vorteile zuteil werden lassen, die im vollen Ausmaß erst in der zweiten und dritten Generation Früchte tragen, und die Bildung dafür in den Hintergrund stellen, haben sie eigentlich keinen Grund, sich zu beklagen. Mehr noch, das Wesen des persischen Bauern ist in dieser Hinsicht ganz auf unserer Seite, denn er ist grundsätzlich leicht zufrieden zu stellen. »Die Einwohner« (eines Dorfes in der Nähe von Isfahan), heißt es in einem amerikanischen Katasterbericht, »sind arm, leichtgläubig und zufrieden.« Und weiter: »Es gibt wenig Verbrechen oder Aufruhr.« Ob es menschlich gerechtfertigt ist, aus der Einfachheit und Fügsamkeit anderer Menschen Vorteile zu ziehen und sie in Unwissenheit zu belassen, weil sie so leichter zu handhaben sind, ist eine reine Gewissensentscheidung. Ich persönlich bin der Meinung, daß es gerechtfertigt ist, vorausgesetzt daß diejenigen, die die Macht ausüben, auch wirklich klug und vertrauenswürdig sind – eine beachtliche Voraussetzung, wie ich zugebe. Schließlich muß auch mit Rücksicht auf die Finanzen gedacht werden, denn unser idealer Staat baut auf praktischen Grundlagen auf. Die Belastung der Staatskasse ist bereits beträchtlich. Doch selbst wenn unser idealer Staat mit einer idealen Goldmine ausgestattet wäre, könnte die Bildung zurückgestellt oder ganz und gar vernachlässigt werden. Wir hätten die Regierung der Unwissenden durch die Aufgeklärten und zwischen beiden eine scharfe Trennungslinie. Wir hätten eine Nation, die, auf Landwirtschaft und Viehzucht gegründet, fast gänzlich von der Außenwelt abgeschnitten wäre – ein Paradies von 600000 Quadratmeilen mit einer Bevölkerung von zehn Millionen, etwas Einmaliges auf dieser Erde.

O ja, ich träume gern! Viel zu oft umgibt den Geist des Menschen ein undurchdringliches Dickicht, so daß ihm der Blick über die gesunden, sonnenbeschienenen Ebenen verfinstert ist. Der Fortschritt gilt überall ganz allgemein als erstrebenswert, doch geht niemand soweit, über die tatsächlichen Folgen des Fortschritts nachzudenken. Das Anhäufen von Reichtümern, der Geist des Wettbewerbs, das Streben nach Macht – diesen Götzenbildern opfern wir unsere Seelen. »Warum«, fragte Jalaluddin Rumi, »da Gottes Garten doch so unermeßlich weit ist, bist du in einem Gefängnis eingeschlafen? Fliehe die verwirrenden Gedanken, die Antwort auf alle Fragen magst du im Paradiese finden.«

20

Unser letzter Tag. Er begann prächtig. Mit einer Wanderung durch das steinige, von Oleanderbüschen und Granatapfelbäumen üppig bewachsene Tal von Murdafil. Doch schon bald kamen wir in eine unscheinbarere Gegend, wo der Geruch von Schwefel die Luft erfüllte und wir immer wieder denselben Fluß, den Tembih, mindestens zehnmal überqueren mußten. Es war sehr heiß, fast zu heiß. Unsere Hände waren am Ende des Tages ebenso braun wie unsere Schuhe. Die Maultiere planschten jedesmal dankbar durchs kühle Wasser. Entgegen unserer sonstigen Gewohnheit reisten wir mit der gesamten Karawane; wir hätten uns leicht verlaufen können, da der Pfad in diesem nach allen Seiten offenen, grasigen Land kaum noch existierte. Wir zogen um die Flanke des großen, grauen Asmari-Berges, der wie ein gestrandeter Wal zu unserer Linken lag. Die heiße Sonne und der ebene, anspruchslose Weg ließen uns teilnahmslos werden. Die Maultiere ließen mürrisch ihre Glocken klingen und schlugen nach den Fliegen aus. Vor uns stieg die schwarze Rauchfahne der Erdölfelder senkrecht in den Himmel. Wir aber hatten das Gefühl, unsere Begeisterung in den Bergen und Tälern zurückgelassen zu haben, die sich nun für immer hinter uns geschlossen hatten. Jetzt waren sie wieder ganz dem langsamen, beständigen Strom der Nomaden überlassen, der so unvermeidlich zu ihnen gehörte wie die Steinböcke und die Adler. Immerhin bot die vollgepackte Karawane einen hübschen Anblick, wenn die Tiere frei über das Gras zogen oder langsam der Reihe nach den hellen, seichten Fluß durchwateten. Mich quälte der Gedanke, daß unsere Maultiere bald mit Benzinkanistern vollgeladen würden, dann kehrtmachen und denselben mühsamen Weg zurück nach Isfahan gehen müßten, und zwar unablässig, hin und her auf der bergigen Straße, bis sie eines Tages zusammenbrachen und von den Geiern zerrissen wurden.

Die Strecke an diesem letzten Tag war kürzer als die vorangegangenen, und gegen vier Uhr hatten wir schon unser Lager aufgeschlagen. Der Himmel weiß, wie sehr wir unsere Zelte haßten, als sie auf schlammigem Boden standen und die Nächte bitterkalt waren. Doch jetzt in Gurghir, wo es warm und trocken war, auf der grasigen Ebene, wurden wir von sentimentaler Trauer überwältigt. Da rückte Copley Amory im richtigen Moment mit der Überraschung heraus, die er heimlich die ganze Zeit über in einer Holzschatulle mit sich herumgetragen hatte: eine Flasche Champagner. Der Champagner war warm, und wir hatten kein Eis. Außerdem waren wir zu fünft, und jeder bekam nur eine kleine Portion, doch seit dem Tag, an dem unsere Weinflasche in Do-Pulan heruntergefallen war, hatten wir keinen Alkohol mehr getrunken, und die kleinen, lauwarmen, genau bemessenen Schlucke belebten uns mehr als alle großzügig ausgeschenkten Londoner Drinks. Ehre sei Copley Amory und seinem großen Herzen! Die ganze Reise über war er taktvoll, liebenswert und bescheiden geblieben. So gereizt wir auch manchmal waren, wenn wir ihn sahen, mit Rahim ins Gespräch vertieft, hatte er uns immer wieder zum Lächeln gebracht. Oder wenn er, das Notizbuch in der Hand (was schrieb er da bloß alles hinein?) an uns vorbeiritt: er schien völlig vergessen zu haben, ob es bergauf oder bergab ging, die Zügel hingen lose herunter, eine Blume schmückte seinen Hut, die Füße waren längst aus den Steigbügeln seines hageren, rötlichen Maultiers geglitten, und seine Beine baumelten herab – halb Don Quixote, halb Canterbury-Pilgerer. Obgleich er wenig gesprächig war, hatte er die Reisegesellschaft immer wieder in gute Laune versetzt. Und jetzt krönte er das alles mit einer Flasche Champagner.

Während wir gutgelaunt an unseren Gläsern nippten, wanderten unsere nervösen Blicke immer wieder zu dem reichgeschmückten Lager hinüber, das sich auf einer Anhöhe direkt über unserem Camp befand. Es gehörte, wie wir wußten, Sardar Zaffar, dem Il-Khani, der jeden Augenblick von einem Besuch bei den Ölfeldern zurückerwartet wurde. Im Stillen hatten wir gestöhnt, als wir seine Zelte sahen. Es war sofort klar gewesen, daß uns ein weiterer *pasirayi* bevorstehen würde, doch noch hegten wir die Hoffnung, ihn auf den nächsten Morgen verschieben zu können. Bald jedoch erschienen in der Ferne die Lichtkegel zweier Scheinwerfer: der Il-Khani reiste in einer Wagenkolonne der Ölgesellschaft an. Zivilisation und Wildnis trafen aufeinander. Wir hatten fast vergessen, daß es überhaupt Autos gab, aber jetzt waren sie da und brachten das alles andere als königlich wirkende Oberhaupt der Nomadenstämme. Wir beobachteten den Il-Khani, wie er vom Auto aus in sein Lager schritt, eine kleine, gedrungene Gestalt im weißen *kolah* der Bakhtiari und einem beigefarbenen Gewand, im Gefolge einen Troß von Offizieren, Dienern und bewaffneten Wachsoldaten. Langsam stiegen sie die Anhöhe hinauf und verschwanden im Lager.

In Erwartung der unvermeidlichen Einladung hatten wir uns so vornehm wie möglich herausgeputzt. Sie wurde uns prompt von einem gepflegten, persischen Offizier überbracht. Würden die Fremden dem Il-Khani die Ehre eines Besuches erweisen? Wir folgten dem Offizier, sprangen über den Bach, der das Lager des Il-Khani von dem unseren trennte, und traten in das Zelt von Sardar Zaffar, der, von seinen Begleitern umgeben, sein gewaltiges Gewicht auf einem winzigen Stühlchen balancierte. Zwei schlanke Bakhtiari-Wächter standen hinter ihm und lehnten sich auf ihre Gewehre; beleuchtet von hellen Fakkeln, stand eine Gruppe weißgewandeter Bakhtiari bei den Pferden. Unterhalb des Lagers strahlten die Autoscheinwerfer immer noch über die Ebene. Das hier war das unverfälschte Persien – in einer eigentümlichen Mischung aus Romantik und Moderne.

Der Il-Khani war äußerst liebenswürdig. Wir konnten ihm erzählen, daß wir seinen Sohn gesehen hatten. Ich erinnerte mich gern an jene edle Gestalt auf dem herrlichen Pferd und fragte mich, wo er wohl heute nacht in den Bergen sein Lager aufschlagen würde. Bei Schalil, bei Do-Pulan? Der Il-Khani lamentierte über die persische Politik, während er Tee trank und Asche von der Zigarette schnipste. Der kleine Offizier, der gekommen war, um uns abzuholen, war eifrig darauf bedacht, mit seinen Englischkenntnissen zu glänzen. In den herrlich dunklen Augen der Bakhtiari lag eine Art neugieriger Verachtung. Die Dämmerung verwandelte sich in vollkommene Dunkelheit; es wurden Kerzen gebracht und frischer Tee. Schließlich sagten wir, wir seien müde von unserem Tagesmarsch, und baten höflichst, uns zu entschuldigen.

Der Il-Khani schenkte mir eine Korallenkette, die er die ganze Zeit über in der Hand gehalten hatte. Wie alle Perser, hatte er beim Sprechen die Perlen hin und her geschoben. Die Kette liegt, während ich diese Zeilen schreibe, neben mir auf meinem Schreibtisch.

Als wir in unser Lager zurückgekehrt waren, schickte er uns als Geschenk eine Kostprobe aus seinem Laden: Pfirsiche und Spargel in Büchsen. Unter den Sternen von Gurghir wirkte unser wackliger Tisch wie die Ladentheke eines englischen Lebensmittelhändlers.

21

Am nächsten Morgen grüßte uns der vertraute Anblick der bepackten Maultiere, die mit ihren Glocken bimmelten und nach den Fliegen ausschlugen, doch für uns war die Reise mit der Karawane beendet. »Mouse«, die wartend dastand, meinen Sattel, die orangefarbene Decke und die blauweiße Satteltasche auf dem Rücken, schaute mich vorwurfsvoll an. Jedenfalls bildete ich mir ein, daß sie mich ansah – vielleicht war sie in Wirklichkeit ja ganz froh, mich endlich los zu sein und in Hosseins Obhut zurückzukehren. Die Karawane würde ohne uns weiter zu den Ölfeldern ziehen. Wir würden mit einem der Autos fahren, die den Il-Khani hergebracht hatten. Wir schauten zurück. In der Ebene verstreut standen kleine Gruppen von schwarzen Zelten – das letzte Zeichen, das wir von den Nomaden sehen sollten. Vor uns lag die Zivilisation, ein heftiger Kontrast, der uns erwartete.

Die schwarze Rauchsäule, die wir schon beim Abstieg nach Malamir gesehen hatten, hatte sich inzwischen in viele kleinere Säulen aufgelöst, die drohend am Himmel standen. Geraume Zeit fuhren wir über grasigen Boden. Der Weg war so holprig, daß wir mit den Köpfen gegen das Autodach stießen und die Federn des Wagens quietschten. Doch schon bald war das Ende der Ebene erreicht, neue Gebirgsausläufer erhoben sich, und wir fanden uns plötzlich in einer ganz außerordentlichen Landschaft wieder – eine Landschaft, wie sie offenbar typisch für die Ölfelder ist. Unsere Route führte uns zwischen Bergen hindurch, die man nur mit den Pappkartonbergen einer Spielzeugeisenbahn vergleichen kann: zerknittert, bleich, fantastisch. Keine Anzeichen der Herrschaft des Menschen über diese Landschaft waren bislang zu sehen – von den Rauchschwaden einmal abgesehen. Wir hätten uns auch in irgendeinem fremden, verlassenen Teil der Welt befinden, uns den Weg durch menschenleere Gegenden bahnen können.

Menschenleere Gegenden! Was war das? Eine geteerte Straße!

Die Räder des Wagens glitten plötzlich sanft über eine glatte Oberfläche. Eine englische Landstraße. Wo mochte sie hinführen? Nach York? Oder nach Cambridge? Nein, dem Rauch nach zu schließen wohl eher nach Sheffield. Eine englische Landstraße, die, so schien es, direkt in die Hölle führte. Eine moderne Autostraße, die mitten durch die Berge hindurchlief.

Das Zelt, zu dem wir nach einer Weile kamen, war von einem weißen, rauh verputzten Boden umgeben – und dem kläglichen Versuch, einen englischen Garten anzulegen. Wir gingen hinein: ein Herrenzimmer, das *Royal Magazine*, Pfeifen, Bücher von P. G. Wodehouse und – die größte Überraschung – ein Telefon. Von dem Besitzer keine Spur. Harold Nicolson nahm den Hörer ab, und eine diensteifrige Stimme fragte: »Ihre Nummer, bitte?« Eine andere Verbindung kam dazwischen; er hörte eine gereizte Männerstimme: »Ich kann mir nicht vorstellen, wo sie sind, eigentlich müßten sie heute kommen; Balfour hat heute morgen schon überall nach ihnen gesucht.« – »Hallo. Hier spricht Nicolson...« Und zu uns gewandt, sagte er: »Ich habe ganz vergessen, wie man telefoniert.«

22

Es bestand kein Zweifel, wir waren in die Welt des Telefons zurückgekehrt – und mit atemberaubender Plötzlichkeit auch in die Welt aller anderen technischen Hilfsmittel. Wer auf dem üblichen Weg, von den Tankern und Gasometern in Abadan, zu den Ölfeldern gelangt, mag an dieser perfekt organisierten, hämmernden, rauchenden Anlage gar nichts Überraschendes finden. Doch wir waren übergangslos aus der Wildnis in eine Welt gekommen, die vollständig auf die schrecklichen Ressourcen moderner Erfindungsgabe angewiesen war. Der Gegensatz war so groß, daß er bei uns fast einen körperlichen Schock auslöste.

In unserem Empfinden hatten sich die wenigen Tage in den Bergen unendlich ausgedehnt. Zwölf Tage? Es müssen wohl zwölf Jahre gewesen sein. Der Geist hatte sich den Bedingungen der rauhen Bergwelt angepaßt, jetzt sollte er sich innerhalb einer halben Stunde völlig umgewöhnen. Er mußte erst wieder umdenken, sich an die vergessenen Lektionen erinnern, an die vielen Selbstverständlichkeiten, die er, und zwar nicht ohne Erleichterung, hinter sich gelassen hatte. Aus dem intensiven Kontakt mit einem Leben, das sich auf die einfachsten Dinge beschränkt, spazierten wir direkt in die Hölle der Zivilisation. Und wie wir bald erfahren sollten, fehlte es hier an nichts, vom lodernden Hochofen bis zur Präzisionsmaschine. Man konnte sich einen Boiler machen oder die Brille reparieren lassen. Man konnte einen Bohrer eine Meile tief in die persische Erde treiben. Man konnte Steine zu Pulver zermahlen und in kleine Glasfläschchen füllen. In den Regalen der Lebensmittelläden standen die vertrauten Büchsen und Flaschen. Es gab Schulen und kühle, gut organisierte Krankenhäuser. Es gab Tennisplätze, auf denen sich junge Frauen in Sommerkleidern und junge Männer in weißen Flanellhosen tummelten. Es gab menschliche Gesellschaft, Intrigen und Gerüchte. Schon beim Gedanken daran erschauderten wir. Ein schwerer Gasgeruch überlagerte alles; an bestimmten Punkten der Straße waren Barrieren errichtet, hier mußte man alle Streichhölzer abgeben, um sie später an einer anderen Stelle wiederzubekommen; der Verkehr wurde von Polizisten in weißen Segeltuchhosen gelenkt; Busse verkehrten; schwarze Teerstraßen schlängelten sich zwischen weißen Bungalows hindurch. Die Straßen führten steil bergauf und bergab, denn diese Siedlung befand sich nicht in den englischen Midlands, sondern in der fantastischen, fast schon grotesk anmutenden Landschaft der persischen Ölfelder.

Diese Landschaft mit Worten zu beschreiben, ist äußerst schwierig. Die Berge waren nicht hoch, doch so seltsam zerknittert und von einer so eigenartigen, bald braunen, bald grünen Farbe, daß man fast das Gefühl bekam, auf einem anderen Planeten gelandet zu sein. Ich verglich sie bereits mit den Pappkartonbergen einer Spielzeugeisenbahn – und komme mangels einer besseren Beschreibung auf diesen Vergleich zurück. Sie erinnerten auch an die Berge auf einer Relieflandkarte – Miniaturgebirge, deren Schluchten und Klüfte überproportional ins Auge fallen. Schon für sich allein betrachtet, wäre diese Landschaft seltsam genug gewesen; durch die Maschinerien zur Ölgewinnung verwandelte sie sich in eine Alptraumwelt. Riesige Skelette reckten sich wie viel zu groß geratene Baukasten-Modelle in den Himmel. Ein großer, schwarzer Buchstabe auf weißem Feld bezeichnete die Bohrstelle.

Man erinnert sich an die vielen Benzinkanister, die es in England gibt, jene Kanister mit Schraubverschluß, die so umständlich zu öffnen sind, daß man einen zweiten Kanister zu Hilfe nehmen muß. Man freut sich geradezu darauf, das gute alte Benzin in seinem Rohzustand zu sehen, B.P., Palm Oil – all die vertrauten Zeichen kommen einem wieder in den Sinn. Aber man wird enttäuscht. In einem Gebiet von fünfzig Quadratmeilen gibt es mehr als hundert Quellen, die im Jahr viereinhalb Millionen Tonnen Öl produzieren, doch von dem Öl selbst sieht man keinen Tropfen. Geheimnistuerei scheint das Geschäft der Ölgewinnung zu begleiten. Man sieht die Bohrstellen, hört das Murmeln der Stimmen, doch von den Ergebnissen der Arbeit sieht man nichts. Die Rohre sind verschlossen und versiegelt. In einer großen Pipeline, die sich durch diese seltsame Landschaft hinunter in die getreidebewachsene Ebene von Arabistan windet, wird der zähflüssige Schatz von Maidan-i-Naftun nach Abadan und bis ans Meer befördert.

Andere Quellen werden gerade erst erschlossen. Die Spitze des Bohrers senkt sich – manchmal sogar eine Meile tief – in den Boden, um einen Kampf zu führen, der sterblichen Augen für immer verborgen bleibt. Der Bohrer, ein schmaler, spitzer Feind der Erde, erzwingt sich Zentimeter für Zentimeter seinen Weg ins Gestein, und das einzig sichtbare Ergebnis dieses unterirdischen Vorstoßes ist ein ständiger Strom aus schmutzigem Wasser und Gesteinsproben, der an die Oberfläche quillt. Nur dieses Wasser und eine Handvoll Steine zeugen von der Konfrontation zwischen der geheimnisvollen Formation der Erde und den gierigen, hartnäckigen Forderungen der Menschheit. Aus diesem Kampf im Inneren der Erde geht der Mensch als Sieger hervor: die gewaltige Masse zerbröckelt schließlich unter der unwiderstehlichen Kraft der Maschinen. Eine alles zermalmende Beharrlichkeit ist hier am Werk.

Unermeßlich weit, vor Urzeiten geformt, erstreckt sich der Fels unter der Erdoberfläche. Durch die Dunkelheit dringt die Maschine zu ihm vor, ein scharfer, hartnäkkiger Meißel bohrt sich in sein Gestein. Oben, über der Erde, im Schutz des Bohrturms, rattert die Maschine seit Stunden eintönig vor sich hin. Einige Perser sitzen herum. Ein junger, rußbedeckter Engländer in Hemd und Shorts löst sich aus der Apathie, um den Fremden einige Erklärungen zu geben. »Legen Sie Ihre Hand einmal hier drauf«, sagt er, »dann können Sie die Vibration spüren.« Wir legen die Hand auf die Kette und spüren am eigenen Körper die Schläge des Kampfes, der im Inneren der Erde tobt. Allerdings sind es die Auswirkungen eines Schlages, der schon vor acht Minuten stattgefunden hat. Draußen brennt die Sonne. Bereits im April braucht man einen Sonnenhut. Der Gedanke, daß diese Arbeit den ganzen Sommer über so weitergehen wird, ist entsetzlich: Wenn es schon im April so heiß ist, wie heiß wird es dann erst im Juni, Juli oder August sein? Dies ist einer der heißesten Flecken der Erde. Von Mai bis Oktober steigt die Temperatur regelmäßig auf 50 Grad Celsius an, im September kommt dann noch ein feuchter Wind auf. Und doch wird die Arbeit nie unterbrochen. Wir danken dem jungen Engländer. Er nickt – auf die typisch gleichgültige, lässige Weise, die der tagtägliche Umgang mit Maschinen offensichtlich mit sich bringt –, genau wie die jungen Männer in europäischen Autowerkstätten. Wir gehen hinaus in die glühende Sonne und lassen ihn beim Bohrturm mit seinen persischen Arbeitern zurück – zurück in der nicht abreißenden Kette ständig heißer werdender Tage, an denen die Chemiker im Labor die Gesteinsproben untersuchen werden, an denen der Bohrer sich weiter seinen Weg nach unten bahnen wird, bis der Meißel plötzlich auf Kalkstein stößt und eine Ölquelle trifft. Unkontrolliert schießt das Öl dann nach oben, durchnäßt die Menschen, läßt sie an unterirdischen Gasen ersticken. Deshalb wird ein Warnschild aufgestellt, sobald man vermutet, daß dieser dramatische Augenblick unmittelbar bevorstehen könnte. Jedem, der sich der Quelle nähert, sagt es knapp und streng: »Rauchen verboten. Bohrung in zentralem Kalkgestein.«

Wie das Öl dort hingekommen ist, oder woraus es eigentlich besteht, bleibt ein Rätsel für Chemiker und Geologen. Ist es aus riesigen, untergegangenen Wäldern entstanden? Oder aus Meereslebewesen und dem Seetang, der auf den Felsen eines längst verschwundenen Meeres wuchs? Haben Bäume oder Millionen von Fischen ihr Leben lassen müssen, damit unsere Häuser erleuchtet werden und unsere Autos sich vorwärtsbewegen? Niemand weiß es genau. Millionen von Fischen... Bei allem Zweifel scheint zumindest sicher zu sein, daß seit dem Beginn des Lebens Unmengen von Fischen hervorgebracht worden sind. Wir haben uns bereits an die Vorstellung gewöhnt, daß diese flinken, mannigfaltigen Lebewesen für unsere englischen Kreidefelsen und die Atolle in der Südsee verantwortlich sind; jetzt scheinen wir ihnen auch noch die Versorgung der Welt mit Erdöl zu verdanken. Wie viele verweste Fische ergeben einen Liter Benzin? Wie viele Rogen, Gräten und Kiemen verbrennen wir in einer Stunde? Eins jedoch weiß ein jeder: daß Öl sich nicht mit Wasser vermischen läßt. Diesem Umstand verdanken wir es, daß das Öl bereits zur Zeit Herodots entdeckt wurde, in den alten Hochkulturen Chinas und Japans ein nützliches Gebrauchsgut war. Und auch die Bakhtiari kannten es. Sie schöpften es aus Wasserpfützen, rieben Verletzungen und Wunden damit ein und verkauften es den Arabern, die damit die Fugen ihrer Schiffe auf Euphrat und Tigris abdichteten. Als Brennstoff war das Öl bereits im Zoroastrismus bekannt; die Ruinen des Feuertempels stehen bis heute zwischen den Bohrtürmen der Ölgesellschaft. Auf welch kleinem Zufall doch Berühmtheit beruht! Wäre das Öl von anpassungsfähigerer Natur gewesen, hätte es sich mit dem Wasser in den kleinen Kratern, aus denen es sickerte, vermischt, dann hätte William Knox d'Arcy vielleicht nie die Legende dieses geheimnisvollen Stoffes vernommen, den man angeblich in einem einsamen Tal des Bakhtiari-Gebirges fand.

So wie das Öl dem Besucher oder Bewohner der persischen Ölfelder unsichtbar bleibt, so scheinen auch viele der Arbeiten, die dort verrichtet werden, nichts mit der Ölgewinnung zu tun zu haben. Ich nehme an, daß sie letztendlich alle auf das eine Ziel ausgerichtet sind. Doch wenn man ohne jedes Vorwissen, ja ohne die grundlegendsten technischen Vorkenntnisse eine solche Anlage besucht, hat man den Vorteil, eine neue Welt voller komplizierter Geheimnisse zu betreten – wie eine Ameise vielleicht, die, das ideale Bild vom Staat vor Augen, die Verwicklungen der Parteipolitik betrachtet. Ich befinde mich in einem Ölabbaugebiet, aber ich sehe kein Öl. Statt dessen sehe ich riesige Hallen mit Brennern und Öfen, Stutzen und Kolben, Drehbänken und Treibriemen, stampfenden Motoren und glühenden Feuern, bedient und geschürt von dunklen, halbnackten Männern, die Schaufeln oder (endlich!) Ölkannen in Händen halten, rot-heißes Metall auf Ambosse hieven und mit Hämmern bearbeiten, daß die Funken fliegen, eine rote, formlose Masse mit riesigen Zangen durch die Halle tragen und eine unübersichtliche Maschine in Gang setzen, die Eisen wie Butter in Stücke zerschneidet. All das geschieht nur mit dem einen Ziel: der geheimnisvollen Ablagerung von Bäumen, Seetang oder Fischen, die tief im Inneren der Erde schlummert, erbarmungslos auf den Leib zu rücken. Merkwürdig! All das nur, um Schiffe über die Meere zu schicken, Autos über die Straßen zu fahren und Flugzeuge eine weiße Linie in den Himmel schreiben zu lassen.

Diese Hallen, diese feuerspeienden Ungetüme roher Gewalt, diese mit höchster Präzision arbeitenden Maschinen erfüllten mich mit unschuldigem Staunen. Und ich fand es höchst bemerkenswert, daß sie von Persern und Indern bedient wurden, die wahrscheinlich weder lesen noch schreiben konnten. Was in Gottes Namen dachten diese einfachen Gemüter angesichts der Industriemaschinen? Wie erklärten sie sich beispielsweise den elektrischen Strom, den sie einschalten konnten, wenn sie einen bestimmten Hebel drückten? Sie kannten einen bestimmten Teil des Arbeitsprozesses, das, was man ihnen beigebracht hatte. Doch welche Vorstellung hatten sie vom Ganzen? Wie malten sie sich die fernen Welten aus, für deren Annehmlichkeiten sie zu arbeiten hatten? Zerbrachen sie sich überhaupt den Kopf über diese Dinge, die jenseits ihrer eigenen unmittelbaren Bedürfnisse lagen? Und welches Recht hatte ich, die ich selbst nur ganz vage Vorstellungen über technische Vorgänge hatte, mich über diese Menschen zu erheben, die zumindest gelernt hatten, einem glühenden Metallklumpen eine bestimmte konkrete Form zu verleihen?

Doch dann wurde mir klar, daß nichts den Laien so stark beeindrucken kann wie riesige Maschinen. Dieser Dämon, den wir in unserer Mitte freigesetzt haben, mag unserer Kontrolle weitgehend gehorchen – seine dämonischen Eigenschaften verliert er nicht. Seine Seele besteht aus Feuer und Kraft; seine Existenz ist begleitet von lautem Lärm und Getöse, von der allgegenwärtigen Bedrohung geballter, mühsam gebändigter Kraft. Ein Teufel, der nicht ausschließlich unserer eigenen Macht entsprang: die Elemente existierten schon lange vor ihm, wir sperrten sie nur in ein Gefängnis aus Eisen und Stahl. Das gleiche Eisen, das wir formen, zerschmilzt zu einer glühenden Flüssigkeit, die schrecklicher ist als Feuer. Staunend steht der Nichteingeweihte davor – oder er sollte es zumindest, wenn er noch einen Funken Ehrfurcht besitzt –, und er weiß nicht, was er mehr bewundern soll: die Großartigkeit der Elemente oder die Kühnheit des Menschen.

Denn wenn alle diese einfachen Menschen, die dort arbeiten und nichts anderes kennen als den kleinen Arbeitsschritt, den man ihnen zugeteilt hat, im Schein des Hochofens bereits einen heldenhaften Glanz annehmen, was soll man dann erst über den Geist sagen, der solch vermessene Dinge erfand und, wie der Musiker oder Mathematiker, aus nacktem, ursprünglichem Material, eine ganze Welt erschuf? Aus Feuer und Kraft komponierte er seine eigenen Symphonien und Gleichungen. Musiker und

Mathematiker hantieren mit Noten und Zahlen, Abstraktionen, die bald nur in unserer Phantasie zu existieren, bald absolute, eigenständige Realität zu genießen scheinen; der Schöpfer der Maschinen hantiert mit den explosiven Dämonen der Natur und leitet sie in Kanäle, die der Zielvorstellung seines Willens entsprechen.

Am Abend stiegen wir auf einen Hügel und schauten auf die Ölfelder mit ihren rötlichen Gasflammen, die die Dunkelheit durchbrachen, herab. Die zerknitterten Bergkämme waren unsichtbar, doch unsere Begegnung mit ihnen im Tageslicht hatte ihre Anwesenheit unvergeßlich gemacht. Man konnte sich nicht vorstellen, daß es eine englische Industriestadt war, auf die man da schaute. Auch umfächelte uns eine so laue Brise, wie sie von englischem Boden wohl nie aufsteigt. Es war Mitternacht und erst April, aber die Luft war angenehm warm – ja, sie ließ bereits den glühend heißen Sommer ahnen. Dennoch erinnerten wir uns nur mit Mühe daran, daß wir auf einem Hügel in Luristan standen – einem Hügel, der aufgrund seiner geographischen Lage auserwählt war, eine Gegend zu überragen, die früher nur den umherschweifenden Nomaden bekannt war. Eine Gegend, die sich jedoch von den anderen Teilen des zerklüfteten Bakhtiari-Landes zufällig dadurch unterschied, daß sie eine geheimnisvolle Ablagerung pflanzlichen oder tierischen Ursprungs in sich barg und daher aus diesem Grund für die Ausbeutung durch den Menschen vorherbestimmt war. Eigentlich gehörte diese Gegend genauso zum Gebiet der Bakhtiari wie Qaleh Madrasseh oder Agha Mihrab. Nur weil unter ihrer Oberfläche Millionen von Fischen verwesten, hatte der Unternehmergeist der Einwohner eines anderen Kontinents die Landschaft verwandelt und – äußerst gewaltsam! – in eine andere Form gezwungen. Vor zwanzig Jahren noch war diese Gegend völlig unberührt gewesen, nur die wandernden Schafhirten hatten sich gebückt, um das Öl aus den Pfützen zu schöpfen. Könnte Layard heute noch einmal hierher zurückkehren, hätte er Schwierigkeiten, den Ort nach seiner eigenen Beschreibung wiederzufinden: »Sie (die Ruinen von Masjid-i-Sulaiman) liegen in einer ziemlich wilden Gegend. Ich nutzte die Verlassenheit des Landes, um sie mir anzuschauen.«

Heute war das Land alles andere als verlassen. Unter uns im Tal zogen sich lange Reihen von Straßenlaternen durch die Wohngebiete. Doch der Mittelpunkt des Lichts lag bei den großen Gasflammen, glühenden Flecken in der Nacht – jenen Flammen, deren Rauch wir schon auf der Anhöhe über Malamir gesehen hatten. Während ich hier auf dem Hügel stand, den Kopf voll von den Eindrücken dieses Tages, vermischten sich die halbverstandenen Wörter und Erklärungen und erzeugten eine Art Widerhall unbegreiflicher Größe und Kühnheit; Erinnerungen an die Einsamkeiten in den Bakhtiari-Bergen stiegen in mir empor, und gemeinsam mit der Energie der Ölfelder schwollen sie an zu einer gewaltigen, bedeutungsschweren, gewissermaßen symbolischen Symphonie.

23

Als ich dieses Buch zu schreiben begann, hatte ich nur wenig Hoffnung, etwas anderes daraus zu machen als einen bloßen Reisebericht. Inzwischen hat es fast von selbst eine gewisse Form angenommen. Ich kann zwei wesentliche Teile unterscheiden, die durch die Kraft ihres Gegensatzes zusammengehalten werden. Zwei verschiedene Gemeinschaften haben die Bühne überquert: die eine ist mühselig, unwissend und arm, die andere energisch, wissenschaftlich gebildet und wohlhabend, doch beide sind Sklaven ihrer unterschiedlichen Gedankenwelt. Ich hoffe, meine Unparteilichkeit ist groß genug gewesen, um den Leser im unklaren darüber zu lassen, welcher Seite meine Sympathie gehört. Doch scheint es mir angemessen, dieses Buch mit einem dritten Bild zu schließen – einem Bild, das weder eine anachronistische Existenz noch die moderne Zivilisation zum Inhalt hat. Die Hirtenstämme sind an uns vorbeigeströmt: einfache Überlebende einer verlorenen Welt. Die Dampfhämmer der Ölfelder dröhnten rund um den alten Feuertempel. Jetzt ist es an der Zeit, einmal darüber nachzudenken, was aus Weltreichen wird, die sich so vermessen aufführen wie das Britische Empire, und mit einem Orakelspruch dieses Buch abzuschließen.

Persepolis erscheint für diese Betrachtung besonders geeignet – es liegt auf halbem Wege zwischen dem Land der Bakhtiari und dem Vorposten Englands, der *Anglo-Persian Oil Company*. Es ist deshalb so gut geeignet, weil es, einstmals Hauptstadt des persischen Reiches, heute in einer Gegend liegt, die so primitiv ist wie die Ebene von Malamir. Die schlanken Säulen blieben stehen, sie ragen auch heute noch in den Himmel, während von der Stadt Istakhr nichts übrigblieb als abgenagtes Gras.

Persepolis gewinnt an Pracht durch seine Abgeschiedenheit. Kein anderes Gebäude, keine Hütte, kein Wachhaus, nicht einmal die Schutzhütte eines Schäfers steht in seiner Nähe. Nur die riesige, grüne, von Bergen umstandene Ebene erstreckt sich um Persepolis, darüber der offene Himmel und die Habichte, die über den Säulen kreisen. Wie ein Schiff, das in die Weite des Meers entlassen wird, schiebt sich die große Terrasse in die Ebene, die Säulen ragen wie kahle Masten in die klare Luft. Auf den ersten Blick mag die Anlage kleiner erscheinen, als man sie sich vorgestellt hat, doch das liegt an der unermeßlichen Weite der Ebene und den massigen Bergen, die Persepolis umgeben. Die Terrasse ragt viereckig hervor, dicht an den Berg geschmiegt, als müsse er sie verteidigen; doch es ist kein ängstliches Ducken, sondern ein hoheitsvolles Zeichen des Trotzes, ein Triumphieren über die Ebene, die unbestrittene Dominanz über das niedriger gelegene Land – der Thron der Könige über den Wohnstätten des Volkes. Aber die Wohnungen des Volkes, die sich einst über die Ebene verteilten, sind verschwunden; von der königlichen Hauptstadt blieben nur die Ruinen der Zitadelle von Xerxes und Dareios. Die Häuser des Volkes waren sicherlich aus Flechtwerk und sonnengetrocknetem Lehm gebaut, vergänglichem Material, während die Könige sich in Stein verherrlichten. In eintausend Jahren, schätze ich, wird die Ungleichheit zwischen ihnen aufgehoben sein. Die Propyläen des Xerxes, der Palast des Dareios werden nur einmal noch tausend Jahre länger überdauern als die sonnengetrockneten Basare ihrer Töpfer und Barbiere.

So also erhebt sich Persepolis über die verlassene Ebene.

Die Weite, der Himmel, die Habichte, die hohe, künstliche Terrasse, das besondere, persische Licht – all das verleiht diesem Ort eine gewisse Leichtigkeit, eine Art Sopran, zu dem die massige Konstruktion von Bastion und Torbögen den ausgleichenden Baß anstimmt. Erst wenn man näherkommt, erkennt man, wie gewaltig die Anlage tatsächlich ist. Sie hat die Schwere eines ägyptischen Tempels, ist eckig, monolithisch. Die Terrasse selbst wird von gewaltigen Blöcken gestützt, ihre Ränder werfen scharfkantige Schatten. Die Doppeltreppe, die zu ihr hinaufführt, wird von zwei riesigen, geflügelten Bullen beherrscht. Erst jetzt steht man in der Mitte der Ruinen: Säulen ragen auf, tragen aber keine Decken mehr, viereckige Tore öffnen sich, führen aber in keine Säle. (Doch schau nur, in den Pfosten einer Tür ist ein König eingemeißelt, der mit einem anderen König kämpft, und ein dritter König tritt aus dem Schatten eines Sonnenschirms. Das waren die Herrscher dieses Palasts. Doch geht man die flachen Stufen hinauf, folgt eine lange Reihe gefangener Könige.) Noch ein wenig weiter, und man befindet sich in der Halle der hundert Säulen, einem Wirrwarr eingestürzter Steine. Doch selbst die Ruinen zeugen noch von der Ordnung, die hier einst geherrscht haben muß. Heruntergefallene Kapitelle. Fragmente verschiedener Reliefs, klein genug, sie in die Tasche zu stecken. Kriege und ganze Dynastien schlagen ihre vergessenen Trommeln, während man das Relief einen Moment lang in der Handfläche wiegt. Und über der nach oben hin offenen Einöde hängt die Sonne, wirft schwarze, eckige Schatten, verleiht den Reliefs eine noch eindringlichere Schärfe. Schweigen herrscht. Nur wenn eine Eidechse ein trockenes Blatt berührt, stört ein Rascheln die Stille. Diese Halle sei mit Zedernholz gedeckt gewesen, schrieb Quintus Curtius, und die Asche und die Reste verkohlten Zedernholzes bestätigen die Worte des Geschichtsschreibers: Die Halle des Dareios ging in Flammen auf, als Alexander seine furchtbare Rache nahm. Wenig half es Dareios, daß er die *Awesta* in goldenen und silbernen Buchstaben auf zwölftausend gegerbte Ochsenhäute schreiben ließ.

Bis heute sind diese Ruinen nicht durch Menschenhand entweiht worden, auf diesen Steinen hat die Hacke eines

Ausgräbers noch nicht geklirrt. So wie heute mögen sie auch damals gelegen haben, als Alexander die Stadt Persepolis zerstörte. Die Hitze vieler persischer Sommer ist über sie hinweggegangen und hat sie ausgebleicht. Sie erglühten im Licht ungezählter Sonnenaufgänge, entblößten sich dem Silberglanz ungezählter mondbeschienener Nächte. Wilde Blumen samten sich in den Spalten an, und die Eidechsen huschen über das alte Pflaster. Doch es ist eine tote Welt, wie sie dem Grab eines königlichen Geschlechtes gebührt.

Zerstörte Städte. Der Gedanke an Persepolis läßt mich an andere Ruinen des Stolzes, der Pracht und der Machtentfaltung denken: die Zikkurat von Ur vor der untergehenden Sonne, die sanften Hügel, die einmal Babylon darstellten, die schönen, zerstörten Säulenstraßen von Palmyra. Golden, anmutig, beschwingt, von seinem Thron herabgestoßen, liegt Palmyra wie eine Wüstenblume in einer Oase voller Palmen und Aprikosen. An der Spitze eines stumpfen Dreiecks zwischen Bagdad und Damaskus, liegt Palmyra an der alten Karawanenstraße, und noch heute trotten die Kamele durch die Triumphbögen von Zenobia und Odaenathus. Aber die Straße der hundert Säulen ist heute nichts weiter als eine durchsichtige Zwischenwand, und in unmittelbarer Nachbarschaft des Baalstempels befindet sich ein arabisches Dorf. Die ärmlichen Häuser wurden aus den Steinen des einst so prächtigen Zentrums heidnischen Glaubens errichtet. Was ist Palmyra heute? Wo ist die Herrlichkeit Salomons, der Tadmor in der Wildnis errichtete? Ein paar Touristen kommen von Beirut aus mit dem Auto hierher, und einige Kamelkarawanen streifen Palmyra auf ihrer gemächlichen Reise. Arabische Kinder zanken sich auf den Straßen. Es gibt einen französischen *poste de police* und ein verlassenes Gebäude, das ursprünglich als Hotel vorgesehen war. Doch jetzt, wo sogar die Wüstenpost Palmyra nicht mehr berührt (früher mußte sie es, da die Drusen die südliche Route bedrohten), scheint es mehr als wahrscheinlich, daß Palmyra in die Abgeschiedenheit zurückfällt, zu der es geographisch verdammt ist – und daß seine Blüte im Römischen Reich der Blüte der Wüstenblumen im Frühling gleicht. Nur, daß der Frühling für Palmyra niemals mehr wiederkehren wird. Es war einmal und wird nie wieder geschehen; ein Wunder, das wegen seiner Einzigartigkeit und Vergänglichkeit um so kostbarer erscheint.

Wenn man von Damaskus kommt, trifft man völlig unvorbereitet auf Palmyra. Man fährt durch eine von türkischen Festungen gekrönte Schlucht, bis man plötzlich einen weiten Blick über die Wüste hat und die erstaunlichen Ruinen im weißen, blassen Sand erblickt. Die herrliche, honiggoldene Farbe läßt die Säulen und Tore Palmyras zart wie ein Spitzengewebe erscheinen. Sie rahmen ihre Umgebung ein, und nichts kann die Schönheit einer Landschaft stärker hervorheben als ihr Einschluß in ein bauliches Fragment. Doch bei näherem Hinsehen gibt die Architektur von Palmyra Rätsel auf: Ist das wirklich römisch? Hat sie nicht eigentlich etwas ganz und gar Unrömisches an sich? Zeigen sich nicht gewisse Mängel, die römischen Baumeistern mit Sicherheit nicht unterlaufen wären? Tatsächlich, die Römer haben Palmyra nicht erbaut. Die Araber haben es errichtet, geblendet von römischen Vorbildern, von denen sie gehört oder die sie gesehen hatten. Aus diesem Grund wollen viele Leute sich auch nicht mit Palmyra abgeben. Sicherlich, es ist weder so rein noch so majestätisch wie Baalbek. Ihm fehlt die großartige Stimmigkeit römischer Baukunst, der römische Sinn für Proportionen. Doch mir gefällt Palmyra. Es ist sehr weiblich; es ist fröhlich, launisch und ein wenig trügerisch. Es scheint die Wüstensonne aufgesogen, allen Wüstenwinden mit schamloser Sorglosigkeit freien Zugang gewährt zu haben. Palmyra ist ein lachendes Beduinenmädchen, das sich als römische Dame verkleidet hat.

Und schließlich liegen unter dem Schnee des Libanon die mächtigen Ruinen von Heliopolis. Der Bacchustempel hat seine Form behalten, doch vom Jupitertempel haben nur sechs von ursprünglich vierundfünfzig Säulen überdauert. Baalbek hatte würdige Feinde: Genghiz, Timur und Saladin sowie zahlreiche Erdbeben, die Giebel und Kapitelle zu Boden schleuderten. Hier liegen Reste des Mauerwerks, dort klafft ein Kellergewölbe, drüben lehnt eine Säule an der Tempelwand. Baalbek ist eine Wildnis aus Mauern, eine Verwüstung, wie sie nur ein plötzlicher Zornesausbruch des Gottes angerichtet haben kann, dem der größte Tempel geweiht war: Jupiter, den man in Baalbek »Baal« nannte, und der sich vom behaarten Jupiter der Römer deutlich unterschied. Baal war eine bartlose, mit Schuppen bedeckte Gottheit, die in einer Hand eine Geißel hielt, in der anderen Blitze und Ähren. Baalbek gehört zu jenen antiken Städten, auf deren Ruinen keine neue Stadt erbaut wurde. Zwar ist in der Nähe eine kleine Stadt entstanden, so daß Baalbek weder die erhabene Verlassenheit von Persepolis noch die spärliche Besiedlung von Palmyra genießt, doch die neue Stadt ist völlig unbedeutend, und es sind die Ruinen von Heliopolis, die das schöne Tal zwischen Libanon und Antilibanon beherrschen.

Noch ein weiterer Unterschied besteht zwischen Baalbek und den anderen beiden Städten: Die Ebene von Persepolis ist grün, von kurzem Gras bewachsen, und in Palmyra quellen im Frühling die Obstbäume über vor Blüten, doch gibt es weder hier noch dort eine geordnete Landwirtschaft. Rund um Baalbek aber ist das Land fruchtbar und wird sorgfältig bewirtschaftet. Die Beständigkeit der Landwirtschaft, dieses mühsamen, ausdauernden Handwerks, tritt nirgends deutlicher zutage als da, wo es in aller Abgeschiedenheit seine Ziele verfolgt, unbeeindruckt von der Nähe einer untergegangenen Hochkultur. Es erscheint mir nicht ganz so abwegig, zu fragen, ob im Laufe der Jahrhunderte die persischen Ölfelder nicht zur Einsamkeit der Bakhtiari-Berge zurückfinden werden, während London, Paris und New York zerstört am Boden liegen, wilde Blumen über ihre Steine wachsen und der Wind über Kornfelder streicht, die die Bevölkerung einer weit entfernten Hauptstadt ernähren, deren Namen wir heute noch gar nicht kennen.

Anhang

Angaben zu den Entfernungen, Lagerplätzen, etc.

Von Gladwyn Jebb

Die meisten Höhenangaben entnahm ich dem Bericht von Captain H. E. Wells, der 1881 eine Vermessungs-Expedition ins Bakhtiari-Gebirge unternahm, einige stammen jedoch von H. B. Lynch.

Isfahan – Schalamzar, 9–10 Stunden (Autofahrt).

Straße ziemlich gut, abgesehen von den Dörfern. Führer erhältlich. Ausgezeichnetes *amarat* in Schalamzar. Höhe in Schalamzar: 2218 Meter.

Schalamzar – Naghan, 4½ Stunden.

Gipfel des Zirreh-Passes in zwei Stunden erreicht. Steiler Abstieg auf Hochplateau. Dann einfache Strecke bis zum letzten, kurzen (aber steilen) Abstieg nach Naghan. Guter *amarat*. Höhe in Naghan: 2132 Meter.

Naghan – Do-Pulan, 5 ½ Stunden.

Straße kreuzt den Ab-i-Sabz-i-Kuh. Danach recht gut bis zum Gipfel des Passes. Langer, mühsamer Abstieg nach Do-Pulan. Kaum Lagerplätze, meist Weizenfelder. Kleines Dorf und *chaikhaneh*. Höhe in Do-Pulan: 1628 Meter.

Do-Pulan – Gandom Kar, 6 Stunden.

Sehr langer Anstieg den Barreh Murdeh hinauf. Glitschiger Schlamm und Felsen. Ziemlich einfacher Abstieg nach Gandom Kar. Recht guter Lagerplatz. Einige Hütten und ein *chaikhaneh*.

Gandom Kar – Schalil, 8 Stunden.

Nach dem Eintritt in die Schlucht oberen Weg nehmen (siehe Anmerkung Seite 133). Sarkhun (guter Lagerplatz, in drei Stunden erreichbar). Einfache Strecke bis Schalil (Karawanserail). Mangelhafter Lagerplatz in den Felsen nahe des Karawanserail. Ein langer Tag.

Schalil – Deh Diz, 5 ½ Stunden.

Straße kreuzt den Bazuft (guter Lagerplatz). Sehr langer, steiler und felsiger Aufstieg zum Murvarid-Paß. Einfacher Abstieg nach Deh Diz. Ausgezeichneter Lagerplatz in einem Granatapfelhain links von der Straße kurz vorm Dorfeingang. Höhe in Deh Diz: 1717 Meter.

Deh Diz – Qaleh Madrasseh, 7 Stunden.

Einfache Strecke nach Pul-i-Godar (fünf Stunden). *Chaikhaneh* auf Brücke. Guter Lagerplatz. Recht gute Straße (bergauf) bis Qaleh Madrasseh. (Zerstörter Karawanserail, erstklassiger, grasiger Lagerplatz). Höhe in Pul-i-Godar: 763 Meter.

Qaleh Madrasseh – Malamir, 7 Stunden.

Etwa anderthalb Stunden bis zum Gipfel des Gardan-i-Sarrak (ziemlich schwierige Strecke). Abstieg in die Ebene von Malamir (letzte Strecke steinig). Einfache Strecke über die Ebene. Im Frühjahr ist die Straße oft sumpfig oder überschwemmt. Schmutziges Dorf (*chaikhaneh*). Bester Lagerplatz neben einem Karawanserail etwa eine Meile hinter dem Dorf. Höhe in Malamir: 964 Meter.

Malamir – Agha Mihrab, 6½ Stunden.

Straße führt südlich etwa fünf Meilen bis Halagun (Ruinen und Hütten), dann westlich über die leicht hügelige Ebene zum Imam Zadeh von Sheikh Nasrullah (Karawanserail), Lagerplatz. Straße führt weiter westlich vier Meilen über einen kleinen Paß (steinige Strecke), steigt dann ab zum Ab-i-Murgah. Nach fünfeinhalb Stunden Karawanserail (halb zerstört) von Murdafil (Lagerplatz). Straße verläßt den Murgah und führt hinauf zum Murdafil-Paß nach Südwesten. Ausgezeichneter Lagerplatz in Agha Mihrab.

Agha Mihrab – Gurghir, 8 Stunden.

Gipfel des Murdafil-Passes erreichbar in einer Stunde. Langsamer, mühsamer Abstieg auf der anderen Seite, dennoch alles in allem relativ leicht. Straße folgt dem Strom hinunter, bis schließlich der Tembih-Fluß erreicht wird und ein anderes Qaleh Madrasseh (Karawanserail, Lagerplatz). Man folgt dem Tembih-Fluß um die Flanke des Asmari-Berges herum, wendet sich dann nach Süden zum Lagerplatz von Gurghir. Ein langer (und heißer) Tag. Höhe in Gurghir: 487 Meter.

Gurghir – Maidan-i-Naftun, 2 Stunden (Autofahrt).

Unebene Strecke bis Yamaha. Ab da Asphaltstraße bis zu den Ölfeldern.

H. B. Lynch gibt folgende Entfernungen an:

Malamir bis Gurghir: 26 Meilen.
Do-Pulan bis Malamir: 75½ Meilen.
Pul-i-Godar bis Malamir: 22¾ Meilen.
Deh Diz bis Pul-i-Godar: 11½ Meilen.

Anmerkung: Reisende, die dazu neigen, ihrer Karawane in einem Anfall von Ungeduld voranzueilen oder durch Unerfahrenheit und Trägheit zurückzubleiben, könnten sich kurz nachdem sie Gandom Kar verlassen haben, mit der interessanten Erfahrung konfrontiert sehen, daß sie sich in den Bakhtiari-Bergen verlaufen haben. Dies hängt damit zusammen, daß zwei deutlich voneinander zu unterscheidende Wege zwischen diesem Ort und Schalil existieren, die sich am Ausgang einer Schlucht, etwa eine Meile unterhalb von Gandom Kar, gabeln. Die rechte Abzweigung führt über den Fluß und folgt ihm das Tal hinab. Bei schlechtem Wetter oder Hochwasser ist sie unpassierbar. Nach etwa anderthalb Stunden verläßt dieser Weg den Fluß und steigt steil (sehr schlammig und, besonders nach Regen, äußerst glitschig) hinauf nach Gumisch Su (*chaikhaneh* und einige Hütten in einem engen Tal). Die rechte Abzweigung steigt etwa 200 Meter steil bergan, folgt dann dem Bergkamm oberhalb der Schlucht und führt schließlich in eine andere Schlucht (Hazar Jerib? Dieser Name ist dort jedoch nicht bekannt). Am Ende dieser Schlucht liegt Sarkhun, das man auch auf der anderen Straße erreichen kann, wenn man nicht den Berg nach Gumisch Su hinaufsteigt. Die linke Abzweigung ist die reguläre Bakhtiari-Straße und sollte von beladenen Maultieren nur bei sehr gutem Wetter benutzt werden. Nach einer Furt bei Sarkhun windet sich die Straße nach rechts in die Berge hinauf, läßt Gumisch Su etwa 150 Meter unter sich und führt weiter nach Schalil.

G. J.

Nachwort

»Vita ist dazu verdammt, nach Persien zu gehen«, schrieb Virginia Woolf am 27. November 1925 in ihr Tagebuch und drückte damit ihr Bedauern über die bevorstehende Trennung von der Freundin aus. Zugleich gibt uns dieser Satz einen Hinweis auf die gemischten Gefühle, die Vita Sackville-West selbst gegenüber jenen Reisen hegte, die sie unternahm, um ihren Mann, den Diplomaten Harold Nicolson, am jeweiligen »Arbeitsplatz« zu besuchen.

Anders als dies zu ihrer Zeit von der Ehefrau eines Diplomaten erwartet wurde, sträubte sich Vita Sackville-West nämlich dagegen, Harold Nicolson auf Dauer ins Ausland zu begleiten – ja, sie empfand eine gewisse Verachtung für seinen Beruf, den er im übrigen recht erfolgreich ausübte. Sein Wunsch war es aber, einmal Botschafter zu werden. »Kannst du dir deine arme Vita als *Botschafterin* vorstellen? Ich kann es nicht – und die Aussicht erfüllt mich mit Entsetzen«, schrieb sie 1928. Harold formulierte zur gleichen Zeit: »Was soll ich bloß dazu sagen? ›Eine Ehefrau soll die Karriere ihres Mannes fördern und unterstützen‹? Statt dessen sage ich: ›Darling, du weißt, ohne meine Arbeit wäre ich ein todunglücklicher Mann.‹« Doch Vita ihrerseits wäre wohl, eingezwängt in die diplomatische Etikette – ohne die zahlreichen anregenden Kontakte zu SchriftstellerInnen und FreundInnen in England, ohne die nahezu uneingeschränkte Freiheit, nach Lust und Laune ihren Liebesaffären und ihren gärtnerischen und literarischen Projekten nachzugehen –, eine todunglückliche Frau geworden. Andererseits litt sie sehr unter den langen Trennungen von Harold Nicolson und versuchte, ihn von seiner diplomatischen Laufbahn abzubringen. Und so nahm er 1929 eine gutbezahlte Stellung beim Londoner *Evening Standard* an.

Trotz dieser Vorbehalte war Vita Sackville-West jedoch eine begeisterte Weltreisende. Ihre »Wanderlust« führte sie im Laufe ihres Lebens unzählige Male ins europäische Ausland, nach Amerika, Nordafrika und Asien – unter anderem auch nach Persien.

Im Herbst 1925 wird Harold Nicolson an die britische Botschaft in Teheran versetzt. Am 20. Januar 1926, im Alter von 33 Jahren, begibt sich Vita auf ihre erste Reise nach Persien. Obgleich sie überall von Vertretern der britischen Diplomatie empfangen und betreut wird, ist es ein langer und beschwerlicher Weg. Er führt sie über Italien, Ägypten und Indien nach Bagdad, wo sie mit der berühmten Arabistin und Historikerin Gertrude Bell zusammentrifft und vom irakischen König zum Tee geladen wird. Mit einem Wagenkonvoi der Wüstenpost geht es weiter durch Kurdistan bis Kermanschah und schließlich, Anfang März, nach Teheran. In zahlreichen Briefen schwärmt sie von der Ursprünglichkeit und Wildheit der persischen Landschaft. In Teheran nimmt sie am diplomatischen Leben teil, wohnt der Geburtstagsfeier des Schahs bei und besichtigt die kaiserliche Schatzkammer. Auf zahlreichen Ausflügen sammelt sie Pflanzenableger und Blumenzwiebeln. Am 5. Mai verläßt sie Persien wieder und reist, diesmal über Rußland, nach England zurück.

Von Februar bis Mai 1927 besucht sie ihren Mann ein zweites Mal in Persien. Unbestrittener Höhepunkt dieses Besuches ist eine zwölftägige Exkursion durch das Stammesgebiet der Bakhtiari im östlichen Teil des zentralen

Zagrosgebirges – ihre Eindrücke hält sie später in der vorliegenden Reiseerzählung fest.

1928 unter dem Titel *Twelve Days* von Virginia und Leonard Woolf verlegt, zeugt ihr Bericht von einer außergewöhnlichen Beobachtungsgabe und vermittelt einen einzigartigen Einblick in die persischen Arbeits- und Lebensverhältnisse in den 20er Jahren unseres Jahrhunderts. Besonders interessant sind die Beschreibungen der jungen Ölindustrie um Masjid-i-Sulaiman. Die dortigen Erdölfunde im Jahre 1908 legten den Grundstein für die gesamte wirtschaftliche Entwicklung im heutigen Iran. Die von Vita Sackville-West beschriebene Präsenz der Engländer war übrigens von folgenschwerer politischer Bedeutung: Der Vertrag zwischen der persischen Regierung und dem Engländer Knox d'Arcy sprach den Engländern bzw. der *Anglo-Persian Oil Company* das Recht zur Ausbeutung fast aller persischen Erdölquellen zu; der Schutz der Förderanlagen diente dann als Vorwand für die Besetzung Südwestirans durch britische Truppen im Zweiten Weltkrieg und führte in der Folge zur Abdankung und Verbannung von Reza Schah im Jahre 1941 sowie zur Einsetzung von Mohammed Reza Schah als dessen Nachfolger. Nach mehreren Versuchen der Verstaatlichung leiteten letztlich erst die im Juli 1973 durch die OPEC-Länder erzwungenen Preissteigerungen die Rückgewinnung der nationalen Verfügungsgewalt über das persische Erdöl und Erdgas ein.

Faszinierend ist aber auch Vita Sackville-Wests Begegnung mit den Gebirgsnomaden, den Bakhtiari. Eindrucksvoll beschreibt sie das Nebeneinander von Nomadenleben und moderner Zivilisation. Tatsächlich stützten sich die Bakhtiari bis in die 30er Jahre hinein neben ihrer traditionellen Land- und Weidewirtschaft und der Teppichmanufaktur auch auf solche Verdienstquellen wie den Öltransport und Wach- und Sicherheitsaufgaben auf den Erdölfeldern. Mit dem Rückgang des Karawanenhandels, dem Aufkommen des Lastwagen- und Eisenbahnverkehrs, aber auch mit den teilweise blutigen und grausamen Maßnahmen zur Ansiedlung der Nomaden kam es – teils erzwungen, teils freiwillig – zu größerer Seßhaftigkeit. Die nomadische Herdenhaltung und Wanderweidewirtschaft wurde in den folgenden Jahrzehnten vielfach aufgegeben, ein umfassender wirtschaftlicher und sozialer Strukturwandel der traditionellen Bakhtiarigesellschaft setzte ein. Kleinere Dörfer bekamen rasch städtischen Charakter, entwickelten sich zu Zentren des An- und Verkaufs bäuerlicher und nomadischer Produkte. Als Beispiel mag das von Vita Sackville-West beschriebene Dorf Deh Kurd (»Kurdendorf«) gelten, das 1976 bereits über 40000 Einwohner besaß. Es ist heute einer der Umschlagplätze für die berühmten Bakhtiariteppiche, die über Isfahan und Teheran auf den Weltmarkt gelangen.

Im Jahre 1927 jedoch zeigten sich nur die allerersten Anzeichen dieser Entwicklung. Vita Sackville-West sah Persien noch als mögliches Paradies – ja, als möglichen Ausgangspunkt für einen vorindustriellen, »idealen Staat« im Sinne Platos. Ihre zum Teil recht haarsträubenden Vorstellungen von einem autoritär geführten, »idealen« Persien, das dem Volk die »bösen« Errungenschaften moderner Zivilisation und das Recht auf Bildung vorenthält, reizen zum empört-amüsierten Widerspruch.

Der Reiz dieser Reiseerzählung liegt denn auch im subjektiven Blickwinkel der Autorin. Unbefangen läßt sie persönliche Meinungen und Stimmungen in ihre Berichte einfließen und macht kein Hehl aus ihrer tiefen Verwurzelung in der britischen Upper-Class. Dem heutigen Leser mag es als großer Luxus erscheinen, mit sechs Bediensteten und diversen Maultieren auf eine Wanderung durch die Berge zu gehen – sie beschreibt es jedoch als etwas höchst Beschwerliches, bringt während der Reisezeit noch nicht einmal die Namen aller sechs Diener in Erfahrung und läßt alles andere stehen und liegen, wenn es darum geht, ein paar Blumenzwiebeln für ihren Garten in England auszugraben. In einem Augenblick der Verzweiflung gesteht sie sogar, Berge und Zelte eigentlich aus tiefstem Herzen zu hassen. Doch nicht zuletzt diese persönlichen Stoßseufzer und ihre gelegentlich leicht verqueren Schlußfolgerungen machen aus ihrem Buch eines der sympathischsten und schönsten Beispiele englischer Reiseliteratur.

Irmela Erckenbrecht

Erzähler–Bibliothek

Jerzy Andrzejewski
Die Pforten des Paradieses
Band 9330

Hermann Burger
Die Wasserfallfinsternis von Badgastein
und andere Erzählungen
Band 9335

Joseph Conrad
Jugend
Ein Bericht
Band 9334

Die Rückkehr
Erzählung
Band 9309

Tibor Déry
Die portugiesische Königstochter
Zwei Erzählungen
Band 9310

Fjodor M. Dostojewski
Traum eines lächerlichen Menschen
Eine phantastische Erzählung
Band 9304

Ludwig Harig
Der kleine Brixius
Eine Novelle
Band 9313

Abraham B. Jehoschua
Frühsommer 1970
Erzählung
Band 9326

Franz Kafka
Ein Bericht für eine Akademie/
Forschungen eines Hundes
Erzählungen
Band 9303

George Langelaan
Die Fliege
Eine phantastische Erzählung
Band 9314

D.H.Lawrence
Die Frau, die davonritt
Erzählung
Band 9324

Thomas Mann
Mario und der Zauberer
Ein tragisches Reiseerlebnis
Band 9320

Die vertauschten Köpfe
Eine indische Legende
Band 9305

Daphne Du Maurier
Der Apfelbaum
Erzählungen
Band 9307

Fischer Taschenbuch Verlag

fi 669/6a